中国日语学习者的元音音长习得研究

崔 昆◎著

華東理工大學出版社
EAST CHINA UNIVERSITY OF SCIENCE AND TECHNOLOGY PRESS
·上海·

母音の習得におけるモーラの知覚は中国人学習者にとって一番困難であると考えられる。

5. 中国人学習者による日本語発話のリズムについて、上級の中国人学習者の日本語発話は母方言を問わず、日本語のモーラリズムのようなリズム型ではなく、母語の音節リズムに近いということが発見され、中国人学習者にとって、リズム単位の習得が困難であることが確認された。その原因は母語のリズムの影響であると考えられる。

6. 母音音長の習得が非常に複雑であることが明らかになった。中国人学習者が日本語母音の音長を同定する際、母語や第二言語能力だけでなく、発話速度や語タイプなどのコンテクスト要因からも影響を受ける。

中国人学習者の日本語母音音長の習得において、母語の転移が極めて顕著である。本研究のほぼすべての項目で言語転移が見られる。中国人学習者の日本語母音音長習得に関して、母語の転移に言語個別的な特徴と、言語普遍的な特徴の両方がある。

日本語母音音長の習得と第二言語能力の関係については、日本語母音の音長習得は必ずしも第二言語能力の向上に伴って向上するわけではないと言える。

キーワード: 中国人日本語学習者、北方方言、広州方言、母語、日本語、母音音長、習得、初級学習者、上級学習者

目　次

(Nooteboom, 1997)。例えば、声の高さの制御調節、分節音[①]と音節の持続時間の延長や短縮などである。音韻論的には、韻律特徴は、一般的に音長、アクセント、ストレス、イントネーション、リズムなどを含む(Fox, 2000)が、音声学的にはおおざっぱにメロディー[②]とリズムに分けられることがある(Nooteboom, 1997)。韻律は、種々の情報伝達機能を持っている(Nooteboom, 1997)が、その機能のなかで特に重要なのは、聴取者が発話者の音声情報(spoken message)を理解するのに役立つキューを提供することによって発話理解を促進する働きをするということである(Kozasa, 2005; Laver, 1994; Nooteboom, 1997; Ueyama, 2000)。韻律がなければ、音声言語は単調になるだけでなく、退屈で不快なものに聞こえ、ほとんど理解できなくなることさえある(Chen Lai, Wang, 2003)。

1.2.2 第二言語音声習得における韻律

第二言語学習者にとって、最も多い要望は上手に話せるようになりたいということであると考えられており(Ofuka, 1997; 小熊, 2008)、この「上手に話せる」ことは1.1で述べた日本語学習の目標の要約と見なせるが、言語技能の中でも特に発音は母語[③]話者に近いレベルまで習得するのが難しい(Dickerson, 1975; Ellis

---

① 分節音(segmental sound [phoneme])は文(発話)を分析して得られる(最小)単位である。

② ここのメロディーとはピッチの移動(アクセント・イントネーション)を指す。

③ 母語とはある個人もしくは集団が人生の最初に習得した言語を指す。しかし、「言語」という概念の捉え方によって、広義の母語と狭義の母語を区別することが可能である。広義の母語とは、たとえば日本人にとっての日本語のようなもので、ある個人が最初に習得した方言をその後なんらかの理由で捨てたり変質させたりしたとしても、現在話している言語が日本語のいずれかの方言(もしくは、それに近いもの)である限り、その人にとって日本語が母語であると言える。一方、狭義の母語とは、最初に習得した方言そのものを指し、それを捨てたり変質させたりすると、母語を(完全に、あるいは部分的に)喪失した状態になると考えられる。通常、母語は広義で用いられることが多いが、本論文では広義の意味で使用しつつ、必要に応じて「母方言」という語を使うこともある。

1985a、b; Ellis, 1994; Gass, Selinker, 2001; Major, 2001)。その中でも、韻律は第二言語学習者にとって、最も習得しにくい分野であると報告されている(Ioup, Tansomboon, 1987; 戸田, 2001)。「外国語学習者の発話のなかには、文法や語彙などが正しく使えている場合でも、話し方に違和感があり、発音が正しくないために、話がわかりにくいことがある」(小熊, 2008)。その原因は、「1つ1つの単音の誤りというより、発話の韻律に誤りが出ることからくると感じることが多い」(小熊, 2008)という点にある。「ある言語をその言語らしく話せるかどうか、つまり、その言語を母語とする人が聞いて自然に聞こえるかどうかは、個々の音を正しく発音しているかよりも、アクセント、文のイントネーション、プロミネンス、リズムなど、いわゆるプロソディーで決まる。その言語らしいプロソディーで発話すると、たとえ個々の発音に多少の問題があっても、その言語を母語とする人にそれほど違和感を与えない。逆に、個々の発音が正しくても、プロソディーがその言語らしくない場合は、いわゆる『外国人訛り』に聞こえてしまうのである」(国際交流基金, 2005)。つまり、韻律に関する誤りは、分節音の精度よりも外国人訛りの印象に大きく影響を与える(Pennington, Richards, 1986)ということである。したがって、「外国語を学ぶ時、その言語のプロソディーを習得することは、その言語らしく話せるようになるための不可欠の条件」(国際交流基金, 2005)なのである。韻律の外国人訛りに対する影響に関する実験的研究が少ないにもかかわらず、研究結果は国際交流基金(2005)などを支持しているようである。例えば、Wenk(1985)は第二言語習得におけるリズムを実験的に研究し、母音産出の精度は第二言語リズムの精度に依存し、発話リズムは発音研究で最も重要な領域の一つであると指摘している。Tajima, Port, Dalby(1997)は、母語話者による発話の流暢さの判断は分節音の質(segmental quality)よりも、リズムに負うところが大きいという結果を示している。Anderson-Hsieh, Johnson, Koehler(1992)とMunro, Derwing(1995)も、第二言語学習者の発話に対する理解

1.3 本論文の研究内容と研究対象

先行研究から、外国人のための日本語音声教育において、日本語の母音の音長は、習得が極めて困難であることが知られている(戸田，1998c)。しかし、現段階では、第二言語としての日本語の習得研究において、その基礎となる発話リズムの分野の研究は小熊(2008)、鶴谷(2008)以外には行われていないようである。中国人学習者を対象とする日本語の特殊モーラ①の習得に関する研究はあるが、北方方言(標準中国語)②を母語とする話者を対象にした研究が一般的である。標準中国語とは全く異なる言語であるとさえ言われる広州方言を母語とする日本語学習者の母音音長の習得に関する研究は見当たらない。そこで、本論文では、中国人の北方方言話者と広州方言話者の日本語学習者を対象とする。北方方言を母語とする学習者の日本語母音音長の習得についても、研究方法や研究内容の観点から、現状ではさらに研究する余地がある。本研究では、知覚と産出の両側面から、異なる方言背景を持つ中国人学習者、具体的に言うと、初級と上級③の北方方言母語話者と広州方言母語話者による日本語母音音長の習得の実態、および母音音長と密接に関係する日本語発話リズムの習得について対照的に考察する。

本論文では、北方方言は中国北部で使われる、いわゆる「普通話」に近い方言を指す。被験者を選択する際、アンケート調査④を行い、祖父母と父母が全員北方方言母語話者であることを条件

---

① 長音の後部要素、撥音、促音、二重母音の第二要素を特殊モーラという。

② 本論文では、「中国語」をすべての方言を含む言語という意味で使う。「普通話」とは中国語の北方方言を基礎方言とするものであるが、「標準中国語」ともいう。本論文では、「北方方言」は「標準中国語」や「普通話」と同じ意味で使うことにする。

③ 日本語能力試験の基準によると、1級～4級が対応する学習時間はそれぞれ900時間、600時間、300時間と150時間である。本論文では、2000時間以上のレベルを「上級」と呼び、150時間以下のレベルを「初級」と呼ぶことにする。

④ アンケート調査表は付録をご参照いただきたい。

に、出身地·言語形成期[①]·北方方言地域以外のところへの移住歴などの個人情報を考慮して選んだ。そして被験者との面談を通して、被験者の母方言を確認しておいた。本論文で言う広州方言は、狭義のもので、粤方言の代表として広州市内で使われる方言を指す。被験者を選択する際、北方方言の場合と同じように、アンケート調査を行い、祖父母と父母が全員広州方言母語話者であることを条件に、出身地·言語形成期·広州方言地域以外のところへの移住歴などの個人情報を考慮して選んだ。そして(筆者は広州方言母語話者でないので)広州方言を母語とする広州方言研究者の協力を得たうえで、被験者との面談を通して、被験者の母方言を確認しておいた。

表1-1　被験者選定基準(広州方言母語話者)

父母は広州方言を話すか	○
祖父母は広州方言を話すか	○
言語形成期で広州方言を話していたか	○
ずっと広州方言区に住んでいるか	○
ほかの方言区に移住したことがあるか	×
大学入学前に広州方言以外の方言が話せたか	×
家族や友達と話すときに広州方言を使うか	○
大学に入る前に日本語を勉強したことがあるか	×

表1-1は広州方言母語話者の被験者を選定する基準である。北方方言母語話者の被験者の選定基準もこれと同じである。注意すべき点は、上級の広州方言母語話者の場合、全員が普通話も話すと報告した点である。個別の交流を通して、上級の広州方言母語話者が普通話を話し始めたのは大学入学後であることが分かった。

① 言語形成期とは個人の言語的特徴、特に発音·アクセントの習慣が固定する時期であり、概ね4、5歳から11、12歳までの間を指す。

本論文では、日本語母語話者は東京方言を話す日本人を指す。東京方言に該当するかどうかは日本方言地図を参照しながら、被験者の出身地・言語形成期などの個人情報を考慮して被験者を選定した(表1-2)。

表1-2　被験者選定基準(日本語母語話者)

言語形成期で東京方言を話していたか	○
出身地は東京方言区であるか	○
ほかの方言が話せるか	×

1.4　本論文の研究目的

以下の諸点が、本論文の研究目的である。

北方方言話者にとって、日本語の母音音長の習得は困難だとされているが、広州方言話者にとっても同様に、日本語の母音音長の習得は困難であるのだろうか。日本語母音音長の習得は、広州方言話者と北方方言話者との間に違いがあるのか。もし違いがあるなら、その原因は母語の転移なのか、そして、その違いは第二言語習得理論の枠組みの中で説明できるのか。逆に言えば、本研究の調査で第二言語習得理論に何らかの証拠を提供できるのか。また、母音音長の習得は第二言語(日本語)能力に関係があるのか。

第二言語音声教育は、その習得に関する何らかの理論的根拠を前提としなければならない。そこで、本論文の研究目的は、学習者の日本語母音音長の習得を調査することによって、以上の問題を明らかにし、母語干渉だけでは説明できない学習者が用いる目標言語の音声産出ストラテジーや、言語の個別性と普遍性が音声習得に与える影響を見出すことにある。

1.5　本論文の研究方法

Ellis(1994)によると、第二言語研究においては、二つの分野を区別することが有益である。一つは学習に焦点を当て、もう一つは学習者に焦点を当てる。前者の場合、第二言語習得の普遍的な特徴を確認することが重視されている。後者は個人の学習者の第二言語の学習方法の違いを説明することを目的としている。本論文は前者に属するもので、学習者の個人の学習方法の違いなどは考慮に入れないことにする。

第二言語音声研究においては、音声の知覚と産出の両方を扱うことが望ましい。本論文では、学習者の音声知覚に関しては、知覚実験などの心理言語学的な方法で調査する。知覚実験は、具体的に言うと、自然音声または合成音声による音声刺激を聴取者に提示し、聴取者がどのような反応を示すかをテストするものである。学習者の産出に関しては、学習者の発話を実際に録音し、音響音声学的な分析を行う。

実験や調査から得たデータは統計学的手法を用いて処理する。そのため、被験者の数が問題になる。統計学的に見ると、発音研究にも音響学的研究にも十分な被験者数が必要とされており、30人の標本数が望ましいが、この規模の標本数を本論文の研究で確保するのは、限られた期間と個人レベルの資金では困難である。音声研究に用いた被験者数の実際の状況を把握するために、音声学関係の国際シンポジウムに提出された論文や、コアジャーナルなどに掲載された音声研究論文、さらには音声学に関する博士論文の中で、統計学的分析を行ったものを対象とし、そこに用いられた被験者の数を表1-3にまとめた。

表1-3　音声研究論文の被験者数

研究	出所	被験者数
Mah & Archibald(2003)	音声学関係の国際シンポジウム論文集	1人
Kato & Cox(2006)	音声学関係の国際シンポジウム論文集	4人
Toda(1996)	オーストリア国立大学の博士論文	5人
Tsukada(2009)	音声学関係のコアジャーナル	8人、9人と22人
小熊(2008)	お茶の水大学の博士論文	10人
Zhu(1999)	オーストリア国立大学の博士論文	11人
Hirata (2005)	音声学関係の国際シンポジウム論文集	15人
Ueyama(2000)	カリフォルニア大学の博士論文	15人
McAllister et al.(2002)	音声学関係のコアジャーナル	20人

表1-3に示されるように、単なる「30人」という数にこだわるのではなく、研究の目的や期間などを考慮した上で、統計学的に許容される標本数(被験者数)を採用するほうが、方法論的に妥当であると考えられる(Clark，1973；Zhu，1999)。本論文では、実験ごとに異なる数の被験者を用いることがあるが、被験者数の最低限を5人とする。

データ処理については、グループデータは第二言語使用者個人の潜在的に興味深い行動の一部を覆い隠す可能性があるとはいえ、学習者の一般的な傾向や共通のパターンを示すことができる(McAllister，Inoue，Dahl，2006)。そのため、本論文ではグループデータを用いる。

1.6　本論文の独自性

第1に、広州方言母語話者を研究対象に入れること。中国語の方言は多様であるが、中国人日本語学習者の母音音長習得を研究する先行研究の多くは、北方方言を母語とする中国人学習者を対象としており、広州方言を母語とする中国人学習者を対象とした研究は、これまで行われていないようである。

第2に、異なる方言背景を持つ中国人学習者の日本語母音音長習得を対照的に研究すること。日本語母音音長の習得研究では、学習者の母方言間の音韻的差異を考慮にいれた対照研究が求められるが、これまでこうした研究は行われていない。

第3に、リズム測定法を用いて中国人日本語学習者の日本語発話を研究すること。日本語では母音の長短が発話リズムに深く関与すると考えられているが、重要な進展を遂げているリズム測定法を用いた日本語リズムの習得研究は、近年行われていない。本論文では、有力なリズム測定法を用いて中国人日本語学習者の発話リズムを分析する。

第4に、母音のピッチフォールを測定する独自の量的パラメータ%slopeを用いること。中国人日本語学習者の日本語発話はピッチ変動が大きいと言われているが、量的な手段に基づいた研究はまだない。本論文では、独自の量的パラメータ%slopeを提案し、中国人日本語学習者が産出した有アクセント長母音の音響学的特徴を研究する。

第5に、直交表を用いた実験計画法を導入すること。本論文では、品質工学に広く応用されている実験計画法である直交表を日本語音声研究に適用し、信頼性の高いデータを収集する。

1.7　本論文の研究意義

本研究の成果は第二言語音声習得における第一言語の音声・音韻特徴の役割の理解に貢献すると考えられる。これまでの研究がこの現象の本質の理解に大きく貢献してきたものの、まだ解明されていない重要な問題がいくつか残されている。本研究は、その中心的な問題の解明の手がかりを示し、第二言語音韻習得理論の構築に貢献することが期待される。

理論が構築されれば、教師は音声指導の際にそれを拠り所にできる。したがって、本研究が、日本語教育の現場における音声指導に示唆を与えられると期待している。

1.8　本論文の構成

本論文の構成を図1-1に示す。

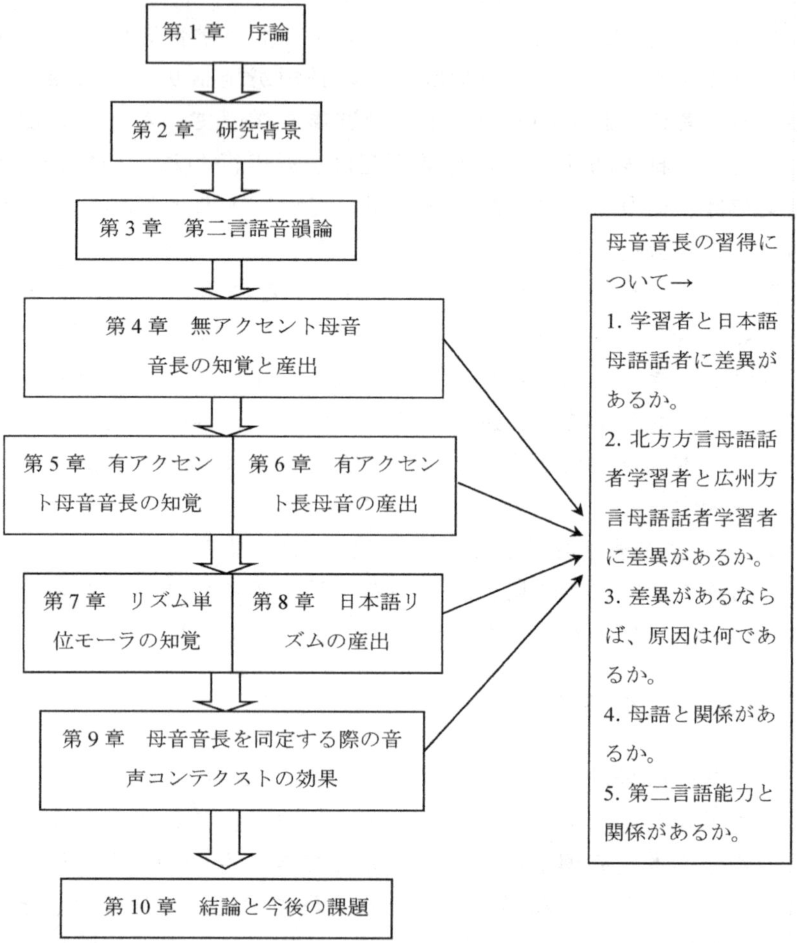

図1-1①　本論文の構成

---

① 第4章から第9章については、図に入れたものは、各章のタイトルではなく、各章の内容を簡略化した表現である。

具体的には以下に示した通りである。

まず、第1章では、音声研究の重要性、および第二言語としての日本語における母音音長習得の重要性を明らかにした。そのうえで、本論文の研究の内容、対象、目的、方法、独自性と意義について述べた。

第2章では、本論文に関係する基礎概念を明らかにしたうえで、研究背景を紹介し、本論文の研究の出発点とも言える母音音長に関する日本語音韻特徴について述べる。

第3章では、第二言語音韻論を概観する。第二言語音韻論の重要な理論は本論文で提起した課題を解釈する基礎となる。

日本語の母音はピッチフォールの有無によって、有アクセント母音と無アクセント母音①の2種類に分けられる。第4章では、北方方言母語話者学習者と広州方言母語話者学習者を対象に、無アクセント母音の長短に関するカテゴリー化と産出を研究し、その傾向を報告するとともに、その要因を明らかにしたうえで、第二言語音韻論の理論である「音韻特徴仮説」を検証する。

第5章と第6章は有アクセント母音に関するものである。

第5章では、日本語の有アクセント母音の音長の知覚について、北方方言母語話者学習者と広州方言母語話者学習者を対象に調査し、その要因を第二言語音韻論の視点から考察する。

第6章では、北方方言母語話者学習者と広州方言母語話者学習者の、有アクセント語における長母音の産出実態を調査し、その要因を理論的に考察する。

日本語のリズムの単位であるモーラは、日本語の母音音長の知覚と産出において重要であるため、第7章では、中国人学習者によるモーラの知覚を調査する。第8章では、中国人学習者による日本語発話のリズムの産出を研究する。

母音音長の同定は、母音そのものの性質だけでなく、音声コン

---

① 「無アクセント母音」と「有アクセント母音」についてはp23の注②をご参照いただきたい。

テクストの影響を受けることが指摘されている。そこで、第9章では、中国人学習者が日本語の母音音長を同定する際の音声コンテクストの影響を考察する。

第10章では、本論文の結論をまとめ、総合的な考察をする。

第2章　研究背景

同じ概念について、学者によって異なる用語が用いられることは、音声研究においてよく見られる。そこで、本章では、まず2.1では本論文の背景となるいくつかの基礎的な概念を明らかにする。次に、2.2では日本語の母音音長の特徴、2.3では母音音長に関連する日本語音韻の特徴をまとめる。

2.1　基礎概念

2.1.1　音声学と音韻論

日本語の母音音長の研究は、音声学と音韻論の両分野をまたがる。音声学(phonetics)は、人間の言語行動における音声的側面を対象とする学問であり、発音運動(調音音声学)、音声の物理現象(音響音声学)、ならびに音声の聴取活動(聴覚音声学)を扱う経験科学である。ここでは「同じ音声は同じ発音運動によって生ずる」と仮定され、音声器官の形状や運動状態に基づいて音声を分類する。音声の最小単位は単音(phone)と呼ばれ、母音と子音に大別される。一方、音韻論(phonology)はあらゆる種類の音声を言語的機能の側面から研究する言語学の一分野である。音韻論は、音声の具体的な現れよりも、その言語において意味の区別に寄与する抽象化された音素・音韻という仮説的な音単位に基づいており、言語における音パターンの生成、結合、変形、削除等の法則を記述することを目的とする(Chao, 1968; Crystal, 2008; Lagefoged, 1975、2003; Laver, 1994; Roach, 1983)。

音声学では、韻律属性を音の強さ(intensity)、持続時間

(duration)とピッチ移動(pitch movement)に表される物理的信号と考える。これに対して、音韻論では、これらの物理的信号が人間の頭の中でどのように処理·組織され、それがどのようにこの内部組織(internal organization)に反映するかを扱う(Nooteboom, 1997; Kozasa, 2005)。音韻は音声データから機械的に帰納される架空の存在ではなく、実在する心理的な実体である。

音韻論では、音声言語の韻律組織(prosodic organization)は、リズムや時間に関する側面とメロディーに関する側面に大別できる。音声言語の韻律的特徴は相互排他的なものではなく、複雑に結びついている(Kozasa, 2005)。言語のリズム·時間的特徴を考える際には、モーラ言語、音節言語、ストレス言語といった分類が用いられ、言語のメロディー的特徴を考える際には、声調言語、ピッチアクセント言語、イントネーション言語といった分類が用いられる。リズム単位がどのように音声学的または音響学的信号に表されるかを調査することは、言語学における重要な課題になってきている。

2.1.2 音長と持続時間

音声言語は時間の流れの中の一連の事象(event)である(Lagefoged, 2003; Laver, 1994)。単音であれ、音節であれ、より大きな単位であれ、発話は必ず時間の流れの中に位置づけられる。音声学においても、音韻論においても、物理的·音声学的概念である「持続時間」(duration)と聴覚的·音韻論的概念である「音長」[①](length)を区別して用いることが広く認められている(Fox, 2000)。そのため、本論文でも音長と持続時間を区別して用いる。

「持続時間」とは、語音や音節の発音にかかる時間の長さを指す(Crystal, 2008)。相対的に「長い」持続時間と「短い」持続時間の違いはミリセカンド単位で測定される。例えば、母音が持続する時間は持続時間とされ、測定結果は持続時間として示される。

---

① 「音長」という訳語は『ランダムハウス英語辞典』による。

「音長」とは、語音や音節が言語学的に対立的であるときの相対的時間の長さを指す。クウァンティティ(quantity)または音量[①]とも呼ばれる(Crystal, 2008)。持続時間は弁別的な音長を構成する主要な物理的特徴であると考えられている。音長は、人間が母音の持続時間を区別する増加量を知覚する能力に基づいて測定できるため、心理音響学的[②]な概念でもある。

分節音などの音長の利用方法は言語によって異なる(Lagefoged, 2003)。日本語では、音長の変動が対立の手段として用いられ、長母音が短母音と対立する。

2.1.3　音節

人間の全ての発話は少なくとも1音節(syllable)を含まなければならない。また、ほとんどの人は音節を識別できる。音声学・音韻論の研究においても「音節」は欠かせない概念であるが、それを定義することは困難である(Lagefoged, 2003)。伝統的な音声学における音節の定義は、一般に前後に切れ目があると感じられる音声上の単位であるとされる(日本音声学会, 1976)が、この定義は最も主観的なものである。音声は単に個々の音(分節音)が連続したものではなく、いくつかの音が一つのまとまりを作る有機体である。この意味では、音節は母音(以下、Vと略す)を中心とし、その前後に子音(以下、Cと略す)が結合した単位である。要するに、母音を子音が取り巻く形で作られる音節は次の図に示すように考えられる。

---

① 音韻論における音量とは、音や音節の発音に費やされる時間の長短を指す(『ランダムハウス英語辞典』)、つまり、音や音節が言語学的に対立するときの相対的持続時間のことであり、「音の大きさ」(volume)とは異なる概念である。

② 心理音響学(Psychoacoustics)は、人間の聴覚に関する学問である。音響学の物理的パラメータに関連する心理学の一分野でもある。聴覚心理学(auditory psychology)とも呼ばれる。

図2-1　音節の一般的な構造

このことは、音節産出·知覚の観点から見ても極めて自然なことであり、多くの言語において、この単位は音韻現象を記述するうえでの基本単位である。また、許容される音節構造は言語によって大きく異なる。中国語では、北方方言であれ広州方言であれ、通常、一つの音節が一つの漢字に対応する①と考えられる(Chao，1968)。中国語の音節構造は図2-2に示す。

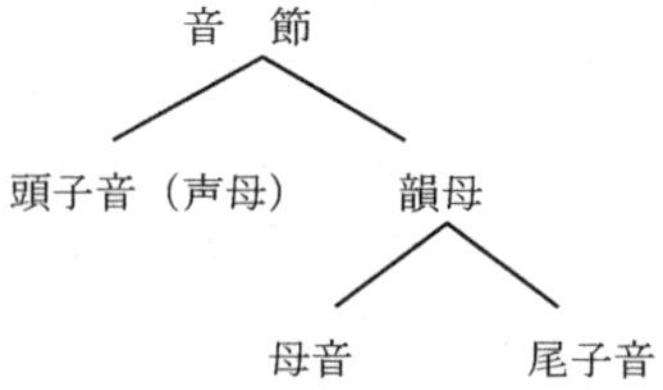

図2-2　中国語の音節構造

2.1.4　モーラ

「音節」が中国語を含むほとんど全ての言語に適用する単位であるのに対して、「モーラ」はその言語に適用できるかどうかが問題となる単位である。日本語の東京方言は、音声的にも音韻的にもモーラ性の強い言語(窪薗，2002)である。実際にモーラが存在する言語は日本語しかないとさえされている(Fox，2000)。日本語のように母音の音長の区別がある言語において、音韻の視点から見

① 中国語の北方方言では唯一の例外がある。それはいわゆる「巻舌音化」(儿化)が起こる音節である。このような音節は二つの漢字に対応する。例えば、「huar」(花儿)は一つの音節である(林焘、王理嘉，1992)。

れば、長母音は二つのモーラ(mora)を持ち、短母音は一つのモーラを持つ。しかしながら、音声学的には、長母音の(平均)持続時間が精確に短母音の2倍であるとは限らない。

モーラは日本語韻律の重要な単位であり、日本語音韻論において各種の音韻的問題を説明するうえで重要な役割を果たしている(Fox, 2000; Kozasa, 2005; Murty, Otake, Cutler, 2007; Ofuka, 1997)。日本語のピッチアクセント・音韻論の研究(Pierrehumbert, Beckman, 1988; Poser, 1984、1990)と、最近の音声知覚についての言語心理学的研究(Cutler, van der Lugt, 1996; Cutler, Otake, 1994; Kakehi, Kazumi, Makio, 1996; ; Kubozono, 1996; Morais, Kolinsky, Nakamura, 2012; Otake, Hatano, Cutler, Mehler, 1993; Otake, Hatano, Yoneyama, 1996; Otake, Yoneyama, Cutler, van der Lugt, 1996)は、モーラの言語単位としての重要性を確認している。

モーラは日本語において広く用いられてきた単位であるが、その定義には諸説ある。杉藤(1989)は、日本語に関して、音節を音声学で扱われる伝統的なCVC型の構造として捉え、モーラに関しては、拗音を除き、仮名文字に対応した区切りを持つ音声単位として提案している。この見方は一定の支持を得ていると考えられる(内田, 1992)。モーラは音韻論的単位として、様々な概念を内包しているが、本論文では、先行研究を踏まえた上で、日本語におけるモーラの概念を、ⅰ.語の音韻的な音長を測る単位、ⅱ.語をさらに分節する単位、ⅲ.リズムの基本となる単位、ⅳ.音声言語の知覚における発話の分節単位、の四つの視点から捉える。

日本語のモーラの中で最も一般的なのは子音の後に母音が続く形である。いわゆる「特殊モーラ」と呼ばれる要素は、モーラとしては独立しているが、音節レベルでは独立していない(独立した音節を形成しない)(窪薗, 1995)。日本語の音節構造や音節とモーラの違いを示したのが図2-3である。

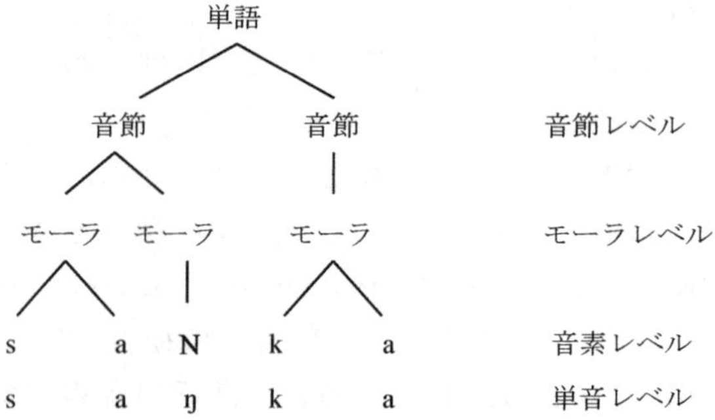

図2-3　日本語の音節構造

このように、日本語にはモーラと音節の二重構造がある。

2.1.5　語アクセント①

語アクセント(accent)という用語は、普遍的な音声学の術語であり、多くの言語に共通する韻律特徴の一つと考えられる②。世界の言語に見られるアクセントのタイプは、大きく分けると、高低アクセントと強弱アクセントの二つになる。前者はさらに日本語のようなタイプと中国語のようなタイプに細分されるのが一般的である。後者はその代表的な言語として英語が挙げられる(日本音声学会，1976)。

2.1.5.1　ピッチアクセント

日本語の語アクセントはピッチアクセントと呼ばれ、単語におけるモーラ相互間に認められるピッチ③の相対的高低関係の決まりである(日本音声学会，1976)。このピッチの相対的高低関係は一定しており、単語の意味の区別に役立つ。本論文では、特に断

① 「語アクセント」と「アクセント」は語レベルの概念である。

② 単語音韻論の観点から見ると、韻律特徴を利用しない言語もある。例えば、フランス語には、ピッチアクセントも声調もストレスも存在しない。

③ ピッチ(pitch)は音声の四つの属性の一つであり、聴覚を反映する概念である。その物理的な対応物は基本周波数(fundamental frequency，F0)であるが、両者を区別せずに用いる研究者が多い。本論文でも両者を区別せずに用いることがある。

りがない限り、単に「アクセント」というと、日本語のピッチアクセントを指す。

日本語におけるモーラは、時間的単位と音調①を担う単位という二つの異なる形で役割を果たすと考えられる。時間的単位というのは、日本語では母音の音長が弁別的なものであり、長母音は二つのモーラを有しているということである。そのため、2モーラの「ビル」と3モーラの「ビール」が意味的に違うのである。

音調を担う単位というのは、日本語のモーラが高(H)または低(L)の音調を担うことを指す。ピッチアクセント言語である日本語では、アクセントの位置・有無によって単語の意味が変わる。アメリカ学者による分析では、日本語の単語には「有アクセント語」と「無アクセント語」②の2種類がある(Pierrehumbert, Beckman, 1988)。「有アクセント語」であれば、単語内に高(H)、低(L)のピッチ・ハイト(pitch height)の配列があり、単語内にHからLへの相対的なピッチ移動(pitch movement)、またはピッチ・フォール(pitch fall)が必ずある(例:「あめ」[雨]のピッチ・ハイトはHLである)。「無アクセント語」であれば、単語内に低(L)から高(H)へのピッチ・ライズ(pitch rise)があるが、有アクセント語のようなピッチ曲線(pitch contour)が存在しない(例:「あめ」[飴]のピッチ・ハイ

---

① ここで言う「音調」(tone)は「自律分節理論」を研究する米英の音韻論学者の間で使われる用語であり、いわゆるピッチ・ハイト(pitch height)の意味である。イントネーションとも、本論文における「声調」とも異なる。日本語における「音調」の詳細については、Pierrehumbert, Beckman(1988)をご参照いただきたい。

② 本論文では、「語アクセント」と「アクセント」を異なる意味で用い、また、便宜上、「有アクセント」と「無アクセント」という用語も用いる。「語アクセント」と「アクセント」は、「有アクセント」と「無アクセント」と異なることにご注意いただきたい。「有アクセント」はピッチフォール(HLの音調配列)を持つのに対し、「無アクセント」はピッチフォール(HLの音調配列)を持たない。したがって、「有アクセント」と「無アクセント」はそれぞれ「起伏型」アクセントと「平板型」アクセントに対応するが、「アクセントがある」や「アクセントがない」といった意味ではない。「語アクセント」と「アクセント」(「起伏型」と「平板型」)は語レベルの概念であるのに対し、「有アクセント」と「無アクセント」は語レベルにおいても言えるが、母音レベルにおいても言える。

トはLHである)。

2.1.5.2 声調

中国語のような言語の語アクセントは、声調(tone)、または音節声調と呼ばれる。音節に関与し、語レベルの言語形式の弁別に寄与するピッチの高低推移(抑揚)の様式を指す。従って、ピッチの高低は原則的に音節内で推移し、その推移の方向が弁別的特徴となる。中国語は声調を持つ代表的な言語の一つである(日本音声学会，1976)。本論文では、特別な断りがない限り、「声調」を中国語に限定して用いる。定義からも明らかなように、中国語では声調を担う単位は音節である。日本語のアクセントは語全体に指定されるのに対し、中国語の声調は語を構成する個々の音節に対して指定される。つまり、中国語の声調は、ピッチの高さが1音節の内部で変化するが、日本語のアクセントは、語全体で変化し、さらに言うと、モーラ間のピッチ高低によって決まる。これは声調とアクセントの大きな違いとされている(国際交流基金，2005)。学術上、中国語の声調の記述方式の基本となるのは趙元任(Chao，1947)によって提案された5レベルピッチ記述方式である。Chao(1947)は、中国語における音調ピッチレンジを5段階(1低・2半低・3中・4半高・5高)に分け、例えば、レベル2からレベル4へ上昇する動的声調は、その動きを「24」と記述した。標準中国語である「普通話」には、55、35、214、51の4種類の声調がある。中国人がなじむ声調記述方式である拼音記述方式によると、それぞれ第1声、第2声、第3声、第4声に相当する。

2.1.5.3 ストレス

強弱アクセントは一般的・普遍的性格を持つ語アクセントの特殊な形態の一つとして現れる。ストレスアクセント(stress)とも呼ばれる。語アクセントの特殊形態としてのストレスを最も典型的に代表する言語は、いうまでもなく英語である。日本語の語アクセントはピッチ(高さ)に依存しているのに対し、英語の語アクセントは音を特徴付ける四つの物理的特性(高さ・強さ・長さ・音色)を総動員している。英語では、辞書で定められた語アクセントの位置が文中で変化することが起こるが、日本語では起こらない。この現象も、英語の語アクセントが強さに大きく依存しており、日本語の語アクセントが強さに依存しないということと相関している。本論文では、特別な断りがない限り、英語の語アクセントをストレスと呼ぶ。英語でストレスを担う単位は音節である。

2.1.6　リズム

リズム①(rhythm)は、類似するものと知覚される要素が一定間隔で繰り返し出現することに由来する。音楽や詩にリズムがあることは周知の事実と言えるが、音声言語一般にリズムがあるのかという疑問を持つ人がかなりいるかもしれない。音声言語のリズムに関する半世紀あまりの研究はすでにこのような疑問を解消している(Abercrombie，1967；Cummins，2009；Derwing，Thomson，Munro，2006；Fox，2000；Kohler，2009a、b；窪薗，1998；Kozasa，2005；Nooteboom，1997；Trofimovich，Baker，2006)。現在、リズムはすべての言語にあるもの、それも音声言語固有のものと認識されている(Cutler，1991)。例えば日本語、英語、フランス語など、言語ごとに固有のリズムがある。

音声言語において、リズムは、顕著な要素(prominent elements)が一定間隔で繰り返し出現することによって生じる知覚的パターンと定義され(Trask，1996；Crystal，2008)、または、「等時性(isochrony)の音韻表象(phonological representation)」、すなわち、「音声実体(つまり音の持続時間)を時間の音韻表象に提供するプロセス」(Podesva，2003)と定義されることがある。これらはいずれも音韻論的な定義である。リズムは時間範疇に関わるものであり(Fox，2000；Crystal，2008)、音声言語の時間的パターン

① リズムに関する概説はFraisse(1963)をご参照いただきたい。言語におけるリズムに関する考察はPike(1945)、Lehiste(1977)、Abercrombie(1967)、Laver(1994)などをご参照いただきたい。

形成（temporal patterning）の関数と考えられる（Nooteboom，1997）が、それだけに限ったものではない（Fox，2000）。Crystal（2008）で述べているように、「この規則性またはリズム性（rhythmicality）はストレスのあるv.[①]ストレスのない音節か、音節の音長（長v.短）かピッチ（高v.低）、またはこれらの変量の結合によって示されることが可能である」。

自然言語はリズムによって言語類型論的に分類されることが可能であると、長い間認識されてきた。Lloyd（1940）は最初にいくつかの言語、例えば、スペイン語は機関銃のようなリズムを持っているのに対し、ほかの言語、特に英語はモールス信号を思わせるリズムを持っていることに注意を向けた。経験豊かで非常に熟練したと思われている英語母語話者の音声学者であるPike（1948）は、この2種類のリズムの型をそれぞれ「音節言語」（syllable timed language）と「ストレス言語」（stress timed language）と名付けた。Abercrombie（1967）はさらに一歩進んで、音節またはストレス間の間隔の等時性は世界の言語の根底にあると主張し、第一種類の言語は音節の等時性に特徴付けられるが、第二種類の言語はストレス間の間隔の等時性に特徴付けられると述べた。この分類は、音響学的実験によるものではなく、聴覚印象によって行われたことに注意する必要がある。この分類は、それ以降の有名な音声学者によって支持されている（Hoequist，1983a、b；Ladefoged，1975、2003）。

Trubetzkoy（1969 [1939] ）は、規則的な持続時間ではなく、音韻的属性に基づいて、日本語を音節よりモーラを韻律単位（prosodic unit）として有する言語に分類している。Bloch（1950）は日本語の全てのモーラ[②]は同じ持続時間を持つ、または同じ音長を持つと知覚されると初めて明確に述べている。彼は日本語の発

① バーサスと読む。

② Bloch（1950）では「モーラ」の代わりに、「音節」（syllable）を用いているが、その音節の定義は明らかに「モーラ」と一致するのである。

話では、聴覚上音長がほぼ同じような単位が連続して現れるとしている。それ以降、Ladefoged(1975)は、いくらかの言語(典型的に日本語)が、ストレス言語でも、音節言語でもないが、下位音節であるモーラのレベルで等時性があるように見えた、という事実を説明するために、対立するリズム型として、モーラ言語(mora timed language)を加えた。この分類も多くの学者から支持を得ており(Kubozono，1989、2003；Port，Dalby，O'Dell，1987)、また、実際の日本語教授法においても、日本語のモーラは等しい持続時間を持っていると明白に述べられている(Tajima，1998)。

以上の三つの分類は、音声学的な証拠が見つけられないことなど、いろいろ論議された時期があった(Dauer，1983；Bertinetto，1988；Port，Cummins，McAuley，1995；Port，Al-Ani，Maeda，1980)とはいえ、個々の言語は、音節のグループがどのようにフット①やフレーズといったさらに大きな単位に組織されるかによって、確かに異なり(Tajima，Port，Dalby，1997)、有用なものとされている(Beckman，1982、1992)。発話リズムは、音節とストレスそれぞれの単位で規定される場合は、それぞれ音節リズムとストレスリズムと呼ばれる。モーラという単位で規定される場合は、モーラリズムと呼ばれ、そのようなリズムを持つ言語は、モーラ言語と呼ばれる。実際には、一貫してモーラ言語に割り当てられる言語は日本語であると言われている(Fox，2000)。音韻論的には、日本語における各モーラは同じ長さを持つものとされ、日本語のリズムの基本的単位となっている(Murty，Otake，Cutler，2007)。

乳児が生後すぐに、全く聞いたことのない言語でもそのリズム特性を聞き分けていることはリズムの分類の妥当性を支持している(Ramus，Nespor，Mehler，1999)。大人もそういう能力を持っていることが判明している(Ramus，Mehler，1999)。したがって、リズムは言語獲得の基盤をなすとみなされており(Ramus，Nespor，

---

①　音韻論学者が等時性を表す言語のリズム単位を記述する用語である。

Mehler，1999；Mehler，Nespor，2004)、言語の発話や知覚や理解に多大な影響を持っている(Lehiste，1973、1977、1980)。

言語学者は、モーラ、音節、フットなどの音韻単位(phonological units)は話者の知識(knowledge)の一部であると想定している。心理言語学研究者は、異なる言語において、発話の分節に用いられる基本的音韻単位として、これらのいずれかを際立たせるという証拠をつかんでいる(Mehler，Nespor，2004)。

2.2 日本語の母音の音長

異なる言語は、持続時間のキューを異なる機能に用いる。一般的に、持続時間のキューの役割は、持続時間を音韻的に区別するための基本的なキューとして用いる「音量言語」[①](quantity language)において、最も顕著である。音量言語には音の長さの度合いが典型的に長と短と二つある。つまり、音の長と短が対立をなしている。日本語はまさにそういう音量言語の一つであり、母音が長短対立を有している。音長を利用する仕方という点で最も興味深い言語とさえ言われる(Lagefoged，1975、2003)。

日本語の母音は音長とピッチアクセントという二つの韻律特徴を持っている。日本語母音の音韻論的音長はモーラ数と関係がある。日本語話者は語をモーラに分け、また語の長さをモーラの数で数える。つまり、長母音は2モーラを持っているのに対し、短母音は1モーラを持っている。指定された発話速度では、長母音の持続時間は音声学的に短母音の持続時間より長い(Hirata，2004)。日本語の母音の音韻論的音長の主要な音響関連量は持続時間であるとされている(Hirata，1999、2004、2005；Ueyama，2000)。

ピッチアクセントは、日本語の母音が持つことが可能な、もう一つの韻律特徴である。日本語の単語は有アクセントか無アクセントのいずれかである。有アクセント語は高いピッチと低いピッ

① 「音量言語」に関する概説はLehiste(1970)をご参照いただきたい。

チの配列(HL)を持っている一方、無アクセント語はHLピッチ配列を持っていない。高いピッチ(H)を負う母音は有アクセント母音と呼ばれる(Kozasa，2005)。

長母音が有アクセントの場合、Hピッチは二つのモーラに割り当てられることがなく、最初の母音にしか割り当てられず、Lピッチは2番目のモーラに割り当てられなければならない。換言すれば、長母音が有アクセントのとき、母音内にはHLのピッチ配列が必ず起こる①。これに対して、長母音が無アクセントの場合、Hピッチを保ち②、また、2番目のモーラの後ろにLピッチが起こらない。したがって、長母音が有アクセントの場合、長母音内にピッチフォールが必ず起こる。

こうしてみると、日本語では、有アクセントの長母音は短母音より長い持続時間と、長母音内におけるピッチフォールという二つの音声学的属性を持っている。無アクセントの長母音は長い持続時間のみを持っている(Kozasa，2005)。

2.3　日本語音韻の特徴

音韻類型論から見れば、日本語は独特な音量言語である。日本語では、音長の変動を対立のために用い、長母音が短母音と対立する。リズム類型論から見れば、日本語は世界の諸言語でもまれなモーラ拍言語である。本論文の研究と関連して、日本語の音韻は三つの特徴を持っていると言える。

第1に、母音の音長は日本語のリズムと密接に関係する。モーラは日本語のリズムの単位であり、母語において等時性のものと知覚される。日本語の長母音は2モーラを持っているのに対し、短母音は1モーラを持っている。リズムは、母語では文法の異なる方面を獲得することを促進する重要なキューで、発話の産出と理解

---

①　例：カード。

②　ただし、単語の語頭位置ではLHである。

に極めて重要であり、第二言語のリズムの習得は非母語話者の発話の自然さと理解度に直接に関係する。したがって、母音の音長は日本語音韻において非常に重要なものである。

第2に、世界の言語においてもまれな現象であるが、日本語は音節－モーラの二重構造を持っている。このため、母語話者は、短母音を、1モーラ(1音節または1音節の1部分)であると知覚するが、長母音を、2モーラを持っている一つの音節であると知覚する。

第3に、日本語は独特なアクセントシステム(ピッチアクセント)を持っている。日本語には無アクセント語と有アクセント語という2種類の単語しかない。日本語の単語のアクセント型は単語内に高(H)低(L)の音調の配列の有無によって決定される。モーラは日本語の音調を担う単位であり、HまたはLの音調を持っている。日本語の長母音音節は有アクセントの場合、その第1モーラがHを負うが、第2モーラはLでなければならない。つまり、長母音音節にピッチフォールがあるならば、ピッチハイトが必ずHLである。日本語では、母音の音長の主要な音響関連量は持続時間であるが、母音がピッチアクセントから分割できないため、アクセントは母音の音長の区別に用いられることがある。

以上の三つの面で、日本語を中国語の北方方言と広州方言と比較すれば、次の3点に注目すべきである。

第1に、北方方言には母音の長短対立がないが、広州方言には母音の長短対立がある①。このため、音長に対する敏感性においては、広州方言のほうが北方方言より強い。

第2に、中国語は広州方言であれ、北方方言であれ、日本語のような音節－モーラの二重構造を持っていない。すなわち中国語には音節しかない。このため、中国語のリズム単位はモーラではない。

第3に、中国語の声調は音節に指定されるのに対して、日本語

① 4.1.2をご参照いただきたい。

のアクセントは語全体に指定される。つまり、中国語の声調ではピッチの高さが1音節の内部で変化するが、日本語のアクセントはモーラ間のピッチ高低によって決まる。さらに、中国語の声調に方言差がある。広州方言の声調と北方方言の声調は「調型」「調類」が違う。

以上のような日本語音韻の特徴と、広州方言と北方方言との類似点と相違点は、本論文の出発点と言える。

第3章　第二言語音韻論

3.1　第二言語習得研究

第二言語習得研究は、1950年代から盛んになった、Lado(1957)に代表された対照分析仮説(Contrastive Analysis Hypothesis)から始まったと言うことができる。対照分析仮説では、学習者の母語と目標言語とを比較・対照することによって、言語習得における問題を予測できるとされている。

やがて目標言語や母語よりも、学習者が産出した言語自体に興味が向けられるようになり、Corder(1967)によって誤用分析(Error Analysis)の手法が提唱された。学習者の犯す誤用を分析することを通して、習得過程の規則性や普遍性を明らかにしようという試みである。

学習者の誤りに対する関心の高まりとともに、学習者が産出した言語は記述する価値のある言語体系として見なされ始めた。Selinker(1972)は成人の第二言語学習者の言語システムを中間言語と呼んで中間言語の理論を提唱した。手短に言えば、中間言語は第一言語のパーツ、第二言語のパーツと(第一言語でも第二言語でもない)普遍性の組み合わせである。非母語話者の中間言語システムは体系的な規則を持ち、変化しているものと考えられる(Major, 2001)。Selinker(1972)が中間言語の理論を提唱して以来、中間言語研究は、第二言語習得研究の主流になってきた。

3.2　第二言語音声習得研究

第二言語音声習得研究は第二言語習得研究の一分野として、音韻論と音声学が絡み合っているものと考えられ(Major，2001)、中間言語音韻論(Interlanguage Phonolology)とも呼ばれる。第二言語音声習得に関する研究では、1970年代の後半から、学習者が実際に産出した音声を収集して分析を行う実証的研究がなされるようになった。第二言語音声習得研究はたくさん出てきており、第二言語音声の習得は複雑なものであるということが明らかになった。第二言語の一般習熟度(general proficiency)、第二言語の使用頻度(frequency of use)、第二言語の習得年齢(age of acquisition)、効果(affect)と動機(motivation)など多数のパラメーターからの影響を受けることが可能であると報告されているが、Piske(2008)では、先行研究は第二言語音声習得の精確さが習得年齢、第二言語インプットの質と量、第二言語音声の知覚と産出における訓練(training)、第一言語背景に影響されることに確実な証拠を提供しているが、ほかの変数やパラメータの重要性については説得力がある結論を出しにくい、としている。現在では、第一言語、第二言語と普遍性及びそれらの相対的重要さ、相互作用は第二言語習得研究の基本的関心となり続けていると言える(Major，2001)。今日のほとんどの中間言語音韻論研究では、中間言語の形成においての、第一言語転移と普遍性の役割を認めているが、中間言語音韻論への理論的アプローチはそれぞれの重点の置き方によって主として二つに分けられる。一つ目の考え方は、理論とモデルを構築する際、何らかの形で音韻的普遍性(phonological universals)と有標性の階層性(markedness hierarchy)を考慮している。二つ目の考え方(すなわち「転移観点」)は、第一言語音韻の「転移」が広がること(pervasiveness)を強調している。

3.2.1 音韻的普遍性に重点を置くアプローチ

3.2.1.1 有標性差異仮説

音韻的普遍性を重視する考え方については、まずEckman(1977)の提唱した有標性差異仮説(Markedness Differential Hypothesis; MDH)が挙げられる。言語類型論に基づく理論(Eckman, 1977)では、言語間の異同を比較研究する際に用いられる有標性という概念を使い、困難度の方向性を検証している。このことにより、習得上困難な違いとそうでない違いの説明が可能とされる。Eckman(1977)のいわゆる有標性は、ある言語にAという現象があれば、Bという現象の存在も含意されるが、Bという現象があってもAの存在は含意されないとき、AはBより有標である。母語と目標言語の比較と有標性の関係を考慮に入れると、以下のような習得上の困難が予測できるとしている。

・母語と異なる項目で、母語より有標の項目は習得が困難

・母語より有標性の高い項目の困難度は、有標性の度合いに対応する

・母語と異なる項目であっても、母語より有標でなければ困難ではない

Eckman(1991)はその後の有標性差異仮説の問題点を指摘し、言語の普遍性だけでなく、母語と目標言語の両者に普及する必要があることを述べ、構造適合性仮説(Structural Conformity Hypothesis; SCH)を提唱した。

3.2.1.2 個体発生系統モデル

次に挙げられるのは、Major(1987、2001)の個体発生系統モデル(Ontogeny Phylogeny Model; OPM)である。このモデルによれば、学習初期段階において、母語干渉が中間言語の形成に与える影響は発達プロセスより強いが、その影響は時間とともに減少し、次第に発達プロセスの方が優勢になると考えられている。このモデルは、母語からの負の転移と発達プロセスの相互作用が時間軸に沿って変化していくという点で、中間言語の可変性を捉え

ている。このモデルと深く関連したものに類似点示差速度仮説(Similarity Differential Rate Hypothesis; SDRH)もある(Major, Kim, 1999)。この観点によると、類似している音の方が困難であるという結果は出されているが、Major, Kim(1999)では、「困難」という概念そのものが間違っているとして、SDRHという仮説を提唱している。この仮説では、類似性と有標性を合体させ、類似していない項目は類似している項目より速く習得され、有標性は速度を遅くする要因とし、習得の速度を問題にしている。

3.2.1.3　生成音韻論的な第二言語音韻研究

さらに挙げられるのは、普遍文法(UG)の生成音韻論に基づく第二言語音韻研究(Archibald, 1998)などである。このような研究では普遍文法の方法で、それぞれのルールやパラメータなどで第二言語音韻習得を試みようとしている。

3.2.2　第一言語音韻の転移に重点を置くアプローチ

3.2.2.1　対照分析仮説

第二言語習得理論の枠組みが提起された時期よりずっと前から、第二言語音韻論において、「転移」(transfer)に関する研究が行われていた(Major, 2008)が、第二言語学習者の経験した分節音習得困難を理解するアプローチを試みた早期では最も有名な仮説は、対照分析仮説であり、今日の第二言語研究においても頻繁に援用されている。対照分析仮説によれば、学習者の音声習得は母国語に強く影響を受ける。第一言語が音韻的に第二言語と似ていると、学習は促進され、違っていると学習は妨げられた。音声上の誤りは、全面的にでないにしても主に第一言語の音韻論的な「習慣」の転移の結果であった。しかし、次第に、第二言語における、第一言語と大きく異なる音が相対的に容易に習得される一方、第一言語に類似する音が習得困難であるということなど、対照分析仮説では予測できない事例が多く報告され、学習者の母語音韻と目標言語音韻の比較からのみでは、音声習得の実態を十分に説明することは不可能であると指摘されるようになった。

3.2.2.2 音声学習モデル

同じように、第一言語経験が第二言語音韻習得に影響するという観点を、外見上支持しているもの[①]にFlege(1980、1981、1987、1992、1995)がある。Flege(1980、1981、1987)は認知メカニズムの「等価分類」を第二言語音韻習得の際の主要な要因であると仮説を立て、この仮説を等価分類モデル(Equivalence Classification Model; ECM)と呼んだ。ECMによると、第一言語音韻システムをすでに確立している第二言語学習者は、第一言語の「音声的に似ている」対応物を利用しているため、第二言語音韻のために独立した「知覚ターゲット」を発展させられない。その結果、学習者は不正確な知覚ターゲットを発展させ、第一言語と第二言語との音声属性を有する「併合システム」を立てる。

ECMから、Flege(1995)は底にある音韻表象がどのように第二言語経験と共に変化するかということに焦点を当てている音声学習モデル(Speech Learning Model; SLM)に発展させた。SLMは、第二言語の音声習得段階における学習者の知覚の変化に関する知見をまとめ、音韻カテゴリーの習得や知覚と産出能力の取得について、四つの前提条件(Postulate)と、七つの仮説(Hypotheses)を立てているが、このモデルの基礎となるのは、第一言語音声システムに使用されたメカニズムとプロセスは、カテゴリー形成を含めて、その使用期間をもとのままの形に保ち、支配するという知見である。Flege(1995)では第一言語と第二言語の音声サブシステムが第二言語経験が豊富な学習者の単一音韻的空間に存在すると主張している。第一言語と第二言語音声分節音は、音響学的類似性または知覚された言語間類似性によって経験的に定義された、「同一」(identical)から「類似」(similar)を経て「新」(new)への連

① 精密に言えば、言語転移より、これらの理論モデルは第一言語システムと第二言語システムの類似点(similarity)と相違点(dissimilarity)に着眼し、その類似点と相違点が中間言語音韻習得を促進するのか、それとも遅らせるのかに関心を寄せている。

続体にそって関係している。音声の類似(相違)の程度は、第二言語音声分節音が既存の第一言語音声カテゴリーに同化されるかどうかを、等価分類のプロセスを通して決定し(同一の、またはより多くの類似性のある第二言語単音の場合)、または第二言語経験とともに、別々の第二言語音声カテゴリーが形成されるかどうかを決定する(より少ない類似性のある、または新しい単音の場合)。SLMでは第二言語音声カテゴリー形成は、第一言語と第二言語における対立を示すのに用いられた音声特徴のミスマッチによって妨げられる可能性があり、母語と似ている非母語音ほど知覚・発音を学習するのは困難であるという理論で説明可能であることが示されている。また、SLMは、第二言語カテゴリー形成が生じるかの観点から、第二言語音韻習得において区別を示す成功を説明しようとしている。

3.2.2.3　知覚同化モデル

Flegeの音声学習モデルとほぼ同じように影響力のある理論枠組みはBest(1995)の知覚同化モデル(Perceptual Assimilation Model; PAM)である。PAMは音韻論に基づいたモデルで、母語カテゴリーがそれぞれの調音・音声構造における類似点・相違点によって配列された音韻的空間のメタファーを用い、第一言語音韻システムの非母語音韻対立の知覚に対する影響に焦点を当てている。PAMでは、聴取者が知覚的に非母語単音を彼らの母語音素に同化するので、聴取者の母語音韻は彼らが非母語単音を知覚することに大きく影響すると仮定している(Best, 1995; Best, McRoberts, Goodell, 2001)。PAMは基本的に、第二言語経験のない初心者の聴取者(naïve listener)による非母語分節音知覚のパターンを説明するために開発されたのである。このような聴取者にとって、第二言語音声分節音は、第一言語音声分節音と音声学的にまったく異なる場合を除いて、第一言語音声分節音とのジェスチラル類似性(gestural similarity)に基づいて、第一言語音韻カテゴリーに知覚的に同化される(perceptually assimilated)。第一言語音声分節音と音声学的にまったく異なる場合に、第二言語音声分節音はカテゴリー化できない音(uncategorizable speech sounds)として聴取され、または、実際に、まったく言語音声として知覚されない(同化されない、unassimilable)。

PAMによると、対立している第二言語音声分節音は、第一言語音韻カテゴリーにおける類例(exemplar)としてカテゴリー化できる(categorizable)とき、三つの知覚的同化パターンは初心者の聴取者の相対的弁別の困難さを予測する。(表3-1)

表3-1　PAMの知覚同化パターン

知覚同化	Single Category	Two-Category	Category Goodness
パターン	L1: X Y ↑ ↖ L2: X Y	L1: X Y ↑ ↑ L2: X Y	L1: Z ↗ ↖ L2: X Y
弁別	困難	容易	困難でない

対立をなす二つの分節音は、第一言語のただ一つのカテゴリーと同様によい類例として知覚されれば、弁別が最も困難である(Single Category pattern)。二つの音声分節音は第一言語のただ一つのカテゴリーの類例として同化されるが、それぞれの知覚されたカテゴリーグッドネス(category goodness)の点で異なれば、弁別がよりよい(Category Goodness pattern)。第二言語における対立する二つの単音が知覚的に第一言語の別々のカテゴリーに同化されれば、弁別が優れていると期待されている(Two Category pattern)。

Strange(2007)によると、音声学習モデルも、音声類似点を、第二言語学習者が分節音の対立を知覚的に区別する成功を予測する際のキーポイントとしている。したがって、音声学習モデルと知覚同化モデルには共通点がある。両モデルの主要な相違点については、後者は非母語音声知覚に焦点を合わせており、すなわち、基本的に不慣れな知覚特徴の単純な(naïve)知覚に関心を寄せているが、前者は習得時間の経過による(over time)第二言語音声習得を説明することを目標とし、後者は第二言語音韻習得における知覚と産出の関係についても扱っている。

つい最近、Best，Tyler(2007)は第二言語学習者による音声知覚のパターンのために、PAMを拡大適用した(PAM-L2)。彼らは音声(異音の、方言の)レベルと、音韻(語彙の最小対語)レベルにおいていくつかの言語間同化のパターンを記述した。したがって、第二言語音声分節音は二つの言語におけるそれぞれの調音・音声の実現、または、類似する音韻機能に基づいて、第一言語音韻カテゴリーの大体「よい」類例に同化されることが可能である。音声的/音韻的同化のパターン及び第二言語における機能負担量(functional load)は、合同で第二言語における対立が第二言語経験で知覚的に区別される可能性を決定する。

3.3　まとめ

ほとんどすべての中間言語音韻論研究では、言語の普遍性規則の役割を認めているのであるが、普遍文法はもともと母語に基づいているものであり、母語の獲得と第二言語の習得のプロセスが異なるため(Major，1995；王初明，2001)、普遍文法では第二言語学習者の音声習得を解釈できるとは考えられない。

今日では、対照分析仮説はもう時代遅れである(Scovel，2001)が、第二言語習得において第一言語経験が疑いなく(何らかの形で)第二言語習得に影響する観点は間違いなく多くの研究により支持されている。第一言語が学習者の第二言語習慣に影響することに関しては、第二言語習得研究では、第二言語音韻論が唯一の、疑問を呼ばない領域であると言える。そして、中間言語音韻論研究では、圧倒的多数は第一言語音韻転移の重要性を支持している。一般に、第二言語を学習する成人は第二言語音声を習得するのに申し分なく成功するのは不可能である(McAllister，Inoue，

Dahl, 2006)。第一言語経験(母語の音声的・音韻的知識)が第二言語音声学習に強い影響を持ち(Odlin, 1989)、第二言語音韻習得における母語干渉が音声・音韻以外のどの分野より顕著に表れ、音声の面では、第一言語による負の転移が起こる確率は100%に近いことが疑いのない事実であるとさえ考えている学者もいる(Scovel, 2001)。ということで、過去と現在の第二言語音声研究における主要な課題は、第一言語がどのように、そしてどの程度まで第二言語に影響するかに関するものであると言えよう。したがって、対照分析仮説で基本的な原則となっている言語転移が第二言語音声研究において依然として強調されていると言える。実際には、本章3.2.2で挙げた理論的モデルでは「転移」を中心的な概念として取り扱われている。

一方、注意しなければならないのは、第二言語習得研究における「転移」という用語に関する観点が必ずしも同じではない、ということである。Odlin(1989)では第二言語習得研究における「転移」について具体的に分析し、次のことを明らかにした。1)転移は単に習慣形成(habit formation)の結果ではない。2)転移は単に干渉(interference)ではない。3)転移は単に母語に頼るのではない。4)転移はいつも母語の影響ではない。そのうえで、Odlin(1989)は「転移」を、目標言語と(不十分かもしれないが)以前に習得された他の言語の間にある類似点と相違点に起因する影響であると定義をしている。今日では第二言語音韻論枠組みにおける「転移」はこの定義のもとで論じられていることは周知の事実である。本論文でもこの定義に従うことにする①。

転移に関する一つの問題は、それは表層的な現象なのか、それとも抽象的なものかという点である。音声学者と音韻論学者は何が妥当な調査レベルかについて互いに対立しているようである。音声学者は一般により表層的な(surface)現象を好むのに対して、

---

① Odlin(1989)では「母語の影響」を「転移」と同じ意味で使うことがある。本論文では便宜のため、「母語の影響」と言うところもある。

音韻論学者は一般により抽象的な現象を好む。このような相違は第二言語習得の中にまで持ち込まれる。そこで浮かんでくるのは、何が転移されるのか、表層的な現象なのか、抽象的な素性と原則なのかという問題である。Flegeの研究は、一般的に言えば、抽象的な音韻カテゴリーより表層的な音声カテゴリーに好みを示すようであるが、実際はどうなのか、さらなる証拠が必要である。

「転移観点」は大体分節音のレベルに関して提出されているものである①。そこで、関係するもう一つの問題は、「転移観点」は超分節的レベルや韻律の研究に適用できるか、適用できるならば、どの程度適用できるか。これについては第二言語音韻論的研究においてさらに研究しなければならない点である。

第二音声習得研究には知覚(perception)と産出(production)の両方の研究が必要である。そこで知覚と産出の関係が問題になる。

知覚と産出の関係については、古くから知覚モデルの解明という点から検討されてきた。多くの研究は両者が関連していることを前提に考察を進めている。母語では、音声言語の音声における産出と知覚は表裏一体のものである。音響信号は聴取者の音韻知識を通して濾過されるが、音韻知識は発話者の音声言語の音声を知覚・産出する方式を決定する。

第二言語音韻習得における知覚と産出の関係については、たくさんの研究がなされている。圧倒的多数の研究では、知覚が産出に先行する、または、産出に必要不可欠な条件であり、精確な知覚は精確な産出の前提条件としている(Trubetzkoy, 1969; Neufeld, 1988; Cortés Pomacóndor, 1999)。「音韻的聾」(phonological deaf)の概念(Flege, 1987; Flege, Eefting, 1987; Flege, 1991)はこの観点を支持している。「音韻的聾」によれば、ある音が的確に産出されるように、的確に知覚されなければなら

---

① 中間言語音韻論に関する理論モデルは、ほとんど分節音のレベルにおいてのみテストされているのである。

ない。

若干の研究では、第二言語における音の産出は知覚を上回ることが報告されている。たとえば、よく援用されるSheldon，Strange(1982)では、/r/と/l/の学習を取り上げ、知覚は不十分であるが、産出はかなり正しく、産出が知覚よりも先行し両機能の学習に差が生じることを指摘している。第二言語音韻習得において産出が知覚に先行するというような現象は、教室における発音の導入の仕方と関係があるかもしれないと分析されている(Sheldon，Strange，1982)ほか、第二言語が学習される時期や社会的要因に関係があることが示されている(Strange，1995；Bohn，Flege，1997；Kluge，Rauber，Reis，Bion，2007)が、このような結果を出した実験研究には、結論に影響する不足が示されていると思われる(Escudero，2005)ので、精確な知覚は精確な産出の前提条件とされていることは確実であると言える。

第4章　中国人学習者の母音音長習得における母方言の影響

—音韻特徴仮説を検証する—

4.1　はじめに

前章でもすでに明らかになったように、中間言語音韻論研究では、圧倒的多数が第一言語音韻転移の重要性を支持しているが、いくらかの重要な問題が未解決のままである。そのうち中心的な課題は、第一言語の知覚と産出においてどのような音韻情報が実際に転移するのかという点である。

本章では日本語の無アクセント母音①を取り扱い、研究の主要な目的は、広州方言・北方方言母語話者による、日本語母音の長短対立の習得を考察することによって、第一言語の音声構造(phonetic structure)が日本語の音長区別に影響するかを確認し、McAllister，Flege，Piske(2002)の「音韻特徴仮説」が中国人の日本語音長習得に適用できるかどうかを調べ、中間言語音韻論の研究に中心的な課題への理解に貢献をする、ということである。

4.1.1　音韻特徴仮説

音声知覚は人間が幼年期に聞いていた言語の音韻属性を反映している。音量言語には音長の量的度合いが典型的に長と短と二つある。そのため、母語聴取者はあるコンテクストでは音の絶対的な持続時間にかかわらず、音を長または短として知覚する。異なる言語では持続時間のキューを異なる機能に用いることが可能

① 「無アクセント母音」についてはp23の注②をご参照いただきたい。

であるにもかかわらず、音声の持続時間など音声言語の時間的側面の処理(processing)は音声言語の知覚に重要である(Ylinen, Shestakova, Alku, Huotilainen, 2005)。異なる言語においては区別を示す、持続時間のキューの使用は、第二言語音韻システムの学習に意味を持つ。第一言語が第二言語音声の知覚と産出に影響することはすでに確実に証明されているのである。日本語に関する先行研究から、非母語話学習者は音長区別が困難であることが分かる。音量言語であるフィンランド語の非母語学習者にもそういう点が観察された(Aoyama, 2001)。

中間言語音韻論に関する理論モデルはいくつか出されているが、そのほとんどは分節音のレベルにおいてのみテストされているのである。McAllister, Flege, Piske(2002)では第二言語における音の持続時間処理に基づいた「特徴仮説」(Feature Hypothesis)を提示し、スペイン語·英語·エストニア語母語話者による、音量言語であるスウェーデン語の母音長短の対立を習得する上での母語の音韻体系の影響について調べ、第二言語使用者の実験成績が第一言語音声持続時間の関連性の関数として変化するという結果が出ており、「特徴仮説」を支持することになった。

Flege(1995)の音声学習モデルにより、第二言語のカテゴリー対立を習得する上での難しさは、第二言語のカテゴリー構築の基盤となる第一言語音韻特徴の役割と関連すると考えられる。Flege(1995)の音声学習モデルからさらに発展した「特徴仮説」の仮説を明確に述べると、次の通りである。

> 第一言語の音韻対立を示すのに使われない第二言語の音韻特徴は、第二言語学習者にとっては知覚困難であり、この特徴に基づいているこの音韻対立を産出することも困難である。

音韻特徴仮説は広い意味での「転移観点」と見なしていいが、最近、第二言語の音韻学習に影響する要因として、転移の解釈の代案が出されている。このような研究では、第二言語知覚における、言語非依存の聴覚ストラテジーの重要性が強調されている。例えば、Bohn（1995）では感度抑圧仮説（Desensitization Hypothesis）を提示し、特定の言語経験と関係なく母音知覚における持続時間のキューは容易に利用するものであることを示している。この仮説が正しければ、音韻特徴仮説に反して、中国人学習者はその母語背景と関係なく日本語の母音の音長を知覚・産出する困難は小さい。

4.1.2　広州方言における母音の長短対立

伝統的には、長短対立につながる主要な音声特徴は持続時間であると考えられている。長短対立を有する言語は少数であり、このような対立に持続時間とスペクトル特徴を利用する言語が相当あり、また言語によって変異性が見られる。

持続時間によって音韻対立を確実に示す言語において、対立の実現に伴って起こる、母音の音長とスペクトル特徴の関係は言語固有のものである。例えば、伝統的には、英語はその音韻において持続時間を対立に用いていないと思われているが、英語母語話者は持続時間の特徴に敏感であり、時には持続時間に基づいて母音を同定することができるということは研究によって明らかにされている。

一方、広州方言は、その母音システムに関する分析はさまざまな結果が出ている（袁家骅，1983；张洪年，1972；Chao，1947；李新魁等，1991）。研究者の議論の焦点の一つは、母音の長短対立が存在するのか、存在すれば、音韻論的なもの（弁別的な特徴）か音声的な（随伴的な）ものか、また音韻システム全体においてどのような位置を占めるのか、という点に関するものである。広州方言母音システムでは母音の音長が随伴的なものと主張している学者がいるが、広州方言に母音の長短対立があるということは、多くの音響学的実験によって支持されている。施其生（1990）は狭母音を除いて、母音の長短対立は広州方言音韻システムに一貫して存在するとしている。李新魁、黄家教、施其生、麦耘、陳定方(1995)は、母音の長短対立は広州方言音韻システムにおいて系統的なものであり、個別的なものではないとしている。李行徳(1985)は音響学的実験を通して、Kao(1971)の音響学的実験を支持する結論を出しており、母音の長短対立は一部の現象ではなく、広州方言母音システムを分析する際、長短対立を弁別的特徴として扱うべきであるとしている。音声実験を行っていないが、広州方言の母音についての先行研究をまとめた王志潔(1999)では、広州方言の母音に長短対立があると認めない学者がいるにしても、長短は広州方言の母音特有の属性ということは否定できない事実であると結論を出している。つまり、広州方言母語話者は広州方言の関係する長短母音を知覚・産出する能力を有しているということになる。母方言研究者の多くの音響音声学実験から支持されている観点、すなわち、広州方言には母音の長短対立①が存在するという観点は広州方言の母音の実態を捉え、有力である。そこで、本研究では、広州方言に母音の長短対立が存在するという観点を採用している。

一方、論議なしで受けられている事実は、北方方言の母音には長短対立がないということである。したがって、対立における音長の役割、または音長に対する敏感性に関しては、北方方言は広州方言ほどではないと言えそうである。つまり、広州方言母語話者は北方方言母語話者と比べて、母音の長短対立を示すのにより多く持続時間を利用するということになる。こうしてみると、日本語の母音長短対立を習得することは、広州方言母語話者のほうが多少容易かもしれないということになる。

手短に言えば、日本語と広州方言における長短対立の音声実現はFlegeら(2002)の特徴仮説を検証するために便利である。特徴

---

① 例えば、広州方言では、「病」/pɛːŋ/[22]と「并」/pɛŋ/[22]の区別は母音の長短にある。広州方言における母音の長短対立については、李新魁、黄家教、施其生、麦耘、陳定方(1995)が最も詳しい。それをご参照いただきたい。

仮説によれば、日本語の、音長という特徴に基づいた母音長短対立を習得する時、北方方言話者は広州方言話者と比べてより困難である、と予測できる。

4.1.3　本章の構成

第一部分は上述したものである。第二部分では40人の中国人日本語学習者による母音長短のカテゴリー知覚化を調査することによって、中国人学習者による日本語母音長短弁別の知覚的敏感さ(成人が彼らの第一言語音韻システムに利用される·利用されない特徴に対する敏感さを習得する能力)を日本人母語話者と対照的に調査する。第三部分では同じ被験者による日本語母音長短対立の産出を調査する。第四部分では以上の実験の結果を全体的に考察する。最後の部分は本章の結論である。

4.2　実験1　中国人学習者による母音音長の知覚カテゴリー化

カテゴリー知覚とは、物理的連続体からカテゴリー境界を横断する一連の不連続の刺激として経験するとともに、カテゴリー内において明確な変化を知覚できないということを指す。一つの身近なよい例は、我々の色に対する知覚である。色は、物理的に連続しているが、我々は七つの色として知覚する。

音声に関するカテゴリー知覚はLiberman(1957)によって初めて報告された。この有名な論文では、Libermanは/b//d//g/の音素間で音質が連続的に変化する刺激連続体を作って知覚実験を行ったところ、連続的には知覚されず、変化が一定の範囲内にあれば同一の子音として知覚される。つまり、彼らは音声の同定と弁別の間にある一定の関係を見出した。この同定と弁別の関係はテゴリー知覚である。Liberman(1957)以降、母語話者の知覚プロセスにおけるカテゴリー知覚の研究は大量になされている。

日本語の母音長短のカテゴリー知覚について、先行研究には母音長短を含む特殊モーラを一括して扱うものが多い。日本語母語話者の母音長短の知覚については、Fujisaki，Nakamura，Imoto(1975)や藤崎、杉藤(1977)では、カテゴリー知覚境界の判断に関して、合成音声を用いて音響音声学的研究を行い、日本語母語話者は母音の音長知覚がカテゴリー知覚であることが明らかになった。大坪(1980)では母音長短の判別を頭高型と平板型アクセントについて調査した。持続時間が長母音の知覚に大きな役割を果たしていると考えられる。

非母語話者の学習者による日本語の母音長短のカテゴリー知覚については、イギリス人を対象とするEnomoto(1989)は、初級学習者と比べて上級学習者の知覚カテゴリーが進んでおり、この点では日本語母語話者の結果と類似していることから、知覚カテゴリー化が日本語能力のレベルに応じて発達することが可能であるとした。

Toda(2003)は戸田(1998)などの成果をまとめて、英語母語話者学習者を対象に、日本語音声の習得における特殊モーラの知覚について縦断的および横断的に研究し、Enomoto(1989)とほぼ同じ結論を出している。

以上の研究は恒常法①を用いた同定判断の結果を分析の対象としているが、内田(1993)は極限法②を用いた結果、中国人上級学習者が日本語母語話者とも、中国人初級学習者とも違った独特の方式で特殊モーラの知覚判断を行っているということが明らかになった。

音声知覚は聴取者の母語の音韻的属性に影響されるということ

① 精神物理学的測定法の一種で、恒常刺激法ともいう。あらかじめ決定しておいた数段階の刺激(一般には5～9段階の刺激が用いられる)をランダムな順序でそれぞれ同回数反復呈示し、各刺激に対する被験者の判断を求めるという方法である。各刺激に対する反応の分布を統計的に処理することによって、目的の測定値が算出される。反復回数を多くしなければならないため、実験に時間がかかるのが欠点である。

② 4.2.1.3をご参照いただきたい。

は早くから認められてきた。第二言語習得では、非母語話者の弁別能力は目標言語経験にも大いに関係することも多くの研究から証拠が提供されている。換言すれば、ある指定された対立について、言語経験の不足は、対立をなす二つの音声単位を区分する知覚境界を不正確にすることにつながる。したがって、ここでは、「特徴仮説」に基づいて、第二言語学習者の場合、その第一言語では、特定の言語音を音韻的対立として利用しないなら、学習者が第二言語におけるこれらの言語音を知覚する際に影響されるだろう、と仮説を立てることができる。この仮説は第二言語学習者と母語話者の音声対立のカテゴリー知覚を比較することによって証明する。

4.2.1　方法

4.2.1.1　被験者

被験者グループ(聴力の正常な20代の大学生)は下記の通りである。

A. 上級学習者グループ(advanced):日本語を28ヶ月以上専攻している[①]大学生
そのうち:北方方言母語話者大学生グループCN_N_A(20名)
広州方言母語話者大学生グループCN_C_A(20名)

B. 初級学習者グループ(beginner):日本語を2ヶ月間専攻している[②]大学生
そのうち:北方方言母語話者大学生グループCN_N_B(20名)
広州方言母語話者大学生グループCN_C_B(20名)

C. 日本語母語話者グループ:東京方言話者 JP(40名)

4.2.1.2　音声刺激

元データには無アクセント[③]の【時計】を用いた。「契機」など

① 学習時間から見れば2000時間以上になる。
② 学習時間から見れば150時間以内になる。
③ いわゆる平板型のアクセント型。「無アクセント」についてはp23の注②をご参照いただきたい。

長音部分にピッチフォールがある(長母音音節が有アクセント[①]である)単語を用いなかった。ピッチフォールのある単語なら、ピッチフォールをキューに母音の音長を同定するのか、それとも持続時間をキューに音長を同定するのか判断できないのである(Kozasa, 2005; 李, 1998)。したがって、長母音「けい」の部分がピッチの変化がない無アクセントの【時計】を用いたのである。

刺激音作成のために、まず30歳前後の日本語教官である東京方言話者(女性)に発話をしてもらった。「解け」と「時計」を交代にそれぞれ10回、できるだけ普通のスピードで発話するよう指示した。

録音は広東外語外貿大学LLセンターの防音室で直接にハードディスクにwaveファイルの形で取り込んで行った。録音機材はアメリカ製のMarantz CDR-631、AT4040 AUDIO-TechNICAマイクである。取り込み時のサンプリングレートは48kHz、量子化は16bitである。録音したデータは、ダウンサンプリング、および個々のデータへの切り分けを行った後、Adobe社のSoundbooth v2.0で分割した。

刺激音作成には、国際的な音声学研究者の多くが使っているPraatを用いた。刺激音作成の前、作成の元となる音声をまず音声解析ソフトPraatでチェックし、音声の後ろに声門破裂音などがない、合成音声の自然性を妨げることがないものを選び出した。Praatで【時計】の長音部を16段階(5msecごと)に伸縮することにより、刺激音を作成した。

4.2.1.3 実験手続き

実験には極限法(method of limits)を用いた。極限法は精神物理学的測定法の一種であり、極小変化法(method of minimal changes)ともいう。刺激を一定の段階で少しずつ変化させながらその刺激に対する被験者の判断を求め、被験者の判断が特定の変化をする点を決定するという方法である。刺激段階の変化方向に

---

① 「有アクセント」についてはp23の注②をご参照いただきたい。

は、少しずつ増加させる上昇系列と少しずつ減少させる下降系列とがあり、反応バイアスを相殺するために上昇系列と下降系列は同回数行うのが普通である。

今回の実験では45分間の音声ファイルに計440語を編集したものを用いた。実験における説明は全部標準中国語で行われ、実験には使われていない語を使って練習を行った。計440個の刺激が上昇系列と下降系列の二系列で継続的に提示された。上昇系列とは刺激音が短いものから長いものへと提示する系列を指す。つまり上昇系列では被験者は【とけ】が徐々【とけい】へと移行していく刺激音を聴き、下降系列では【とけい】が【とけ】に変わっていくのを聴くことになる。全部で20系列である。解答用紙に、「日本語では【解け】(とけ)と【時計】(とけい)は異なる語である」と中国語で説明してある。雑音のない静かなLL教室で被験者が音声刺激を聴いて【解け】か【時計】か判断し、【解け】なら(×)を、【時計】なら(✓)を、回答用紙につけ、判断がつかない刺激音に対しては各系列中1度だけ(?)をつけるように指示した。

各系列で反応が現れた刺激音とその直前の刺激音との中央値を被験者ごとに求め、その後、系列ごとに平均値を算出した。この平均値を長母音/短母音を知覚する判断境界とする①。

4.2.2　結果と考察

被験者グループごとに長母音と判断するカテゴリー境界に相当する音節の平均持続時間とその標準偏差を表4-1に示す。そして各グループの各段階における長母音判断率を、表4-2と図4-1に示す。

---

①　この計算方法は心理学では一般的に使用されるものである。

表4-1　カテゴリー境界に相当する音節の平均持続時間(msec)とその標準偏差(SD)

	平均持続時間	SD
JP	155.3	1.41
CN_N_B	142.4	7.89
CN_C_B	155.6	1.45
CN_N_A	156.1	2.99
CN_C_A	155.5	1.5

表4-1のデータから初級の北方方言母語話者大学生グループの平均境界値がほかのグループより高く、初級の北方方言母語話者大学生グループの標準偏差も高いことが分かる。標準偏差が高いことはそのグループの被験者の成績(ここの観測値)が平均値の周囲に不規則に分布する状態を表す。つまり一人ひとりの被験者のカテゴリー境界が不規則で、初級の北方方言母語話者大学生グループのカテゴリー境界が不安定であるということである。

表4-2　各グループの各段階における長母音判断率(%)

段階(音節の持続時間 msec)	グループ				
	JP	CN_C_A	CN_C_B	CN_N_A	CN_N_B
1(115.2)	0	0	0	0	2
2(120.2)	0	0	0	0	6
3(125.2)	0	1	0	2	4
4(130.2)	0	3	0	5	15
5(135.2)	0	6	3	7	12
6(140.2)	5	14	7	10	48
7(145.2)	15	25	16	22	45

（つづき）

段階（音節の持続時間 msec）	グループ				
	JP	CN_C_A	CN_C_B	CN_N_A	CN_N_B
8(150.2)	38	39	35	36	85
9(155.2)	78	74	76	79	83
10(160.2)	100	98	100	94	92
11(165.2)	100	100	100	100	95
12(170.2)	100	100	100	100	98
13(175.2)	100	100	100	100	100
14(180.2)	100	100	100	100	100
15(185.2)	100	100	100	100	100
16(190.2)	100	100	100	100	100

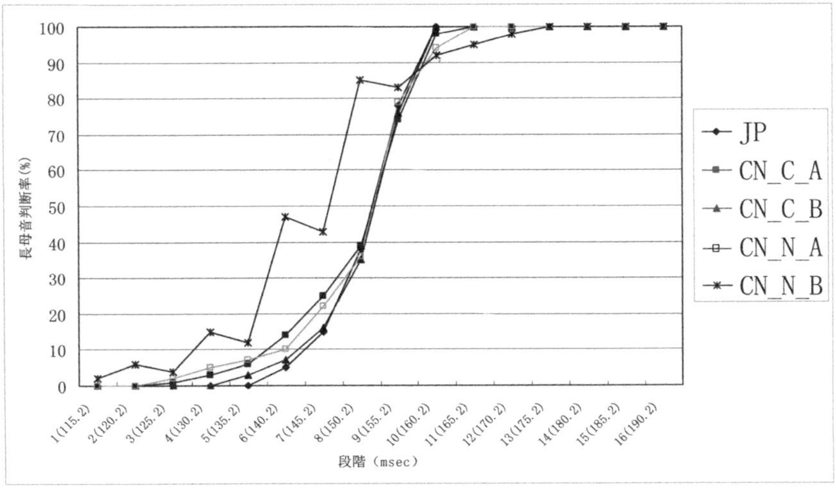

図4-1　各グループの各段階における長母音判断率

図4-1に示されている結果から、日本語母語話者グループは第9

段階あたりで著しいカテゴリー境界を持っており、カテゴリー境界は合成連続体①を長/短というカテゴリーに分けたということが分かった。上級の北方方言母語話者大学生グループ、初級の広州方言母語話者大学生グループと上級の広州方言母語話者大学生グループは日本語母語話者グループとほぼ同じ様子を見せた。初級の北方方言母語話者大学生グループの長母音判断率は明らかにほかの四つのグループと異なり、母音の長短判断が不安定である。つまり、知覚のカテゴリーを持っていないということになる。

カテゴリー境界と判断された持続時間を独立変数、母語と第二言語能力を被験者間要因とする二元配置分散分析を行った結果、母語に主効果が有意に見られ($F(2, 114)=17.09$, $p<0.05$)、学習経験に主効果が有意に見られた($F(1, 114)=9.76$, $p<0.05$)。母語と第二言語能力の間に交互作用が有意に見られた($F(2, 114)=6.53$, $p<0.05$)。

事後解析(テューキーの*HSD* 検定)を行った結果、上級の北方方言母語話者大学生グループ、上級の広州方言母語話者大学生グループと日本語母語話者グループの間に有意差がなかった。初級の北方方言母語話者大学生グループとそれ以外のグループとの間に有意差が見られた。

つまり、日本語母音の長短の変化を知覚するカテゴリー境界については、異なる母方言背景の中国人学習者に差異が見られた。広州方言母語話者学習者は、初級でも、日本語母語話者と同じように母音の長短を同定できる。初級の北方方言母語話者学習者は、日本語母語話者と異なる。Flege(1995)の音声学習モデルとBest(1995)の知覚同化モデルによると、第二言語の音声カテゴリーが母語の音声カテゴリーに似ているならば、母語の音声カテゴリーに同化される。広州方言には母音の長短対立が存在するので、初級の広州方言母語話者学習者は容易に日本語の母音長短を母語の母音長短に関する内在的な音韻カテゴリーに同化し、比較

---

① 合成した刺激音は徐々に変化しているので、合成連続体とも言う。

的容易に日本語の母音の長短カテゴリーを形成したのである。これに対して、初級の北方方言母語話者大学生グループが母音の知覚カテゴリーを持っていない原因は北方方言に母音の長短対立がないことであると思われる。母音の長短対立は第二言語である日本語の音韻対立に使われる音韻特徴であるが、このような音韻特徴は北方方言では音韻対立を示すのに使われない。このため、初級の北方方言母語話者学習者は新たな音韻カテゴリーを形成しなければならないが、新しい音韻カテゴリーの形成には言語経験を積む必要がある(Flege, 1995)ので、このような音韻特徴は、初級の北方方言母語話者学習者にとっては知覚困難であると言える。

上級の広州方言母語話者学習者が日本母母語話者と同じカテゴリー境界を持つことは、持続時間のキューを利用する無アクセント母音音長の区別における初級のレベルの優勢を保ったためと言える。

一方、無アクセント母音音長の区別については、上級の北方方言話者学習者にも、日本語母語話者に同じ知覚カテゴリー境界が見られた。言語経験を積むことによって新しい音韻カテゴリーを形成しているためだと思われる。つまり、初級の北方方言話者学習者の場合と比べて、上級の北方方言話者学習者が示しているこの結果は、第二言語能力の向上に付随したものと考えられる。

まとめてみると、中国人学習者による日本語の無アクセント母音の音長知覚については、北方方言母語話者より広州方言母語話者のほうが敏感であるが、言語経験を積むこと(第二言語能力の向上)によって、習得可能であると言える。

4.3　実験2　中国人学習者による無アクセント[①]母音の音長の産出

この実験の目的は実験1で知覚が調査された20人の母語話者と

---

① 「無アクセント」についてはp23の注②をご参照いただきたい。

40人の非母語話者による日本語母音対立の産出を評価することである。

4.3.1 方法

4.3.1.1 被験者

A. 上級学習者グループ(advanced):日本語を28ヶ月以上専攻している大学生
そのうち:北方方言母語話者大学生グループCN_N_A(10名)
広州方言母語話者大学生グループCN_C_A(10名)

B. 初級学習者グループ(beginner):日本語を2ヶ月間専攻している大学生
そのうち:北方方言母語話者大学生グループCN_N_B(10名)
広州方言母語話者大学生グループCN_C_B(10名)

C. 日本語母語話者グループ:東京方言話者 JP(20名)

この実験に参加する被験者グループAとBは実験1にも参加した。

4.3.1.2 音声資料

日本語のモーラや長音の持続時間に関する音声学的研究の大多数においては、ただ一つのキャリア文を全ての目標単語に用いている。このやり方では、被験者に機械的に文を読み上げるように仕向ける、または無意識のうちに目標単語を強調する可能性がある。被験者の目標単語に対する注意度を最小限に抑えるために、それぞれの最小対語に対して、それぞれ異なるキャリア文を用意した。言い換えれば、それぞれの最小対語は実際に、最小対語文である。それぞれのペアでは、目標単語の音長のみが対立しているが、文の意味が異なる。そして、全ての文は構文的にも意味的にも適格である。加えて、発話資料として用いられる文は多義性がない。発話資料は表4-3に示されている。表のそれぞれの行の二つの文において下線を施した目標単語は最小対語になっている。

表4-3　最小対語とそのキャリア文

その犬はタマのです。	その犬はタマーのです。
鳥(とり)が好きです。	鳥居(とりい)が好きです。
さき格(かく)と言いました。	さき架空(かくう)と言いました。
欠け(かけ)は分かりません。	家系(かけい)は分かりません。
賀茂(かも)はどこですか。	火網(かもう)はどこですか。

これらの単語は、実験1と同じように長母音が後部にある3モーラ語、そして単語内にピッチフォールがない(平板型)、有意味語という採用原則で選択した。できるだけ有意味語を用いたが、平板型の日本語単語には、語末に長母音を含むものがまれであり、語末に「マー」を含む平板型の有意味語がないので、無意味語「タマー」を用いた。同じ理由で、長母音に形態素境界のある「鳥居」を採用した。このように長母音に形態素境界のあるもの①は実際の発話では長母音として発音する傾向が強い(池田，2000；Vance，1987)。

アクセントは『NHK 発音辞典』と『大辞林』で確認した。「賀茂」という単語のアクセントはどの辞書にも載っていないので、平板型の単語を例にそのように発話するように指示した。

4.3.1.3　実験手続き

スピーチスタイルとしては、友達と話すようなくだけた形でもなく、丁寧すぎて不自然な形でもないスタイル、具体的に言うと、「マイクの前で話すようなフォーマルな会話」で読むように、

---

① 無アクセントの最小対語を見つけることが難しいので、筆者は先行研究の方法にならって異なる形態素に属する長母音を持つ単語を使うことにした。日本語には、複数の形態素からなる単語があるが、その大多数は完全に一つの単語に語彙化される。例えば、/*keshiin*/(消印)と/*okiishi*/(置き石)はそのようなものである。Vance (1987)によれば隣接した母音が長音ではなく別々の形態素に属する場合、母音間に声門閉鎖音が起きる。筆者は形態素境界のスペクトル情報をチェックし、声門閉鎖音がないことを確認した。

実験者に前もって指示した。日本人被験者の場合、発話する前、『中日交流標準日本語』の録音を聞かせ、発話速度をできるだけ録音の速度ほど速くないように依頼した。

これらの目標単語は初級学習者が産出できるキャリア文を異なる10文ぐらい用意し、1枚のカードに1文を書いておいた。実験のとき、単語カードとキャリア文カードを被験者に渡し、練習してもらったうえ、目標単語をキャリア文に入れ、カードを見ないで、ポーズをいれずに発話するように指示した。実験者は実験を始める前、文字材料の単語のアクセント型を被験者に確認しておいた。アクセント型というものを知らない日本人には『NHK 発音辞典』の中から平板型の常用語を見せ、同じような「型」で発話するように指示した。間違ったアクセントの場合、同じアクセント型の単語の例を見せ、正しいアクセント型が分かるようにした。録音する前、納得するまで練習してもらうことにした。被験者がある実験資料を発話した後納得しなかった場合、次の文の発話に入る前にそれを繰り返してもらうことにした。

被験者の発話は、48kHzサンプリングレート、16bitの量子化水準で、高品質ディジタルレコーダー(SONY 製 PCMD50)に録音した。日本語母語話者被験者が産出した文に関しては、速度を要因とする分散分析を行った結果、有意差が見られなかった。

測定する前、まず元データは目標単語を、Adobe 社の Soundbooth v2.0でディジタルスペクトログラムを参照して分割した。持続時間の測定については、絶対的な持続時間ではなく、先行研究(Han, 1962; Homma, 1981; Han, 1994; Tsukada, 1999; Ueyama, 2000)で用いられた短母音対長母音の比率及び3モーラの持続時間対2モーラの持続時間の比率が日本語の母音長短を研究する上で有用であり、また、与えられた範囲の発話速度に影響されない(Hirata, 2004)ことから、本研究では長母音対短母音の比率を計算することにした。

音声データにおける母音の持続時間の測定基準については、Ladefoged(2003)によると、まず、始点では、次の三つの可能性が考えられる。

Ⅰ. 低周波数振動と呼ばれる部分の始まり

Ⅱ. 第一フォルマントの始まり

Ⅲ. 高次フォルマントの始まり

本研究では、母音測定基準の始点ではⅢを採用することにした。

そして、母音の終点に関しても次のような3種の可能性が考えられる。

Ⅳ. 第一フォルマントの終わり

Ⅴ. 第二フォルマントの終わり

Ⅵ. 第三フォルマントの終わり

本研究では、終点ではⅥの基準を採用することにした。

上述した基準に基づいて、全部で300ペア(60人×5ペア)の比率を算出した。そして、研究したい五つの母音それぞれの長短比率の平均値を算出した。こうして、一人の被験者ごとに五つの平均値を、一つの母音に対して一つの平均値を算出した。

4.3.2　結果と考察

日本語最小対語の長短比率の平均値と平均偏差は次の表4-4の通りである。括弧内は標準偏差である。

表4-4　最小対語の長短比率の平均値とSD(括弧内はSD)

	JP	CN_C_A	CN_C_B	CN_N_A	CN_N_B
/a/ vs. /aː/	2.10(0.23)	2.06(0.30)	2.20(0.50)	2.19(0.45)	1.68(3.78)
/i/ vs. /iː/	1.92(0.41)	2.02(0.49)	1.88(0.48)	1.89(0.56)	1.75(1.53)
/u/ vs. /uː/	1.97(0.20)	1.89(0.33)	1.95(0.44)	2.03(0.63)	1.78(1.72)
/e/ vs. /eː/	2.05(0.42)	2.10(0.40)	1.99(0.53)	2.11(0.68)	1.55(4.80)
/o/ vs. /oː/	2.01(0.30)	2.09(0.55)	2.22(0.61)	1.93(0.48)	1.80(2.10)

表4-4のデータから、初級の北方方言母語話者大学生グループ

の発話した最小対語の長短比率はほかのグループより高く、初級の北方方言母語話者大学生グループの標準偏差も高いことが分かる。標準偏差が高いことはこのグループの被験者の成績が平均値の周囲に不規則に分布する状態を表す。つまり一人ひとりの被験者の発話した最小対語の長短比率は不規則で、初級の北方方言母語話者大学生グループの発話した最小対語の長短比率が不安定であるということである。

各グループの長短比率の平均値を図で見ると、次のようになる。

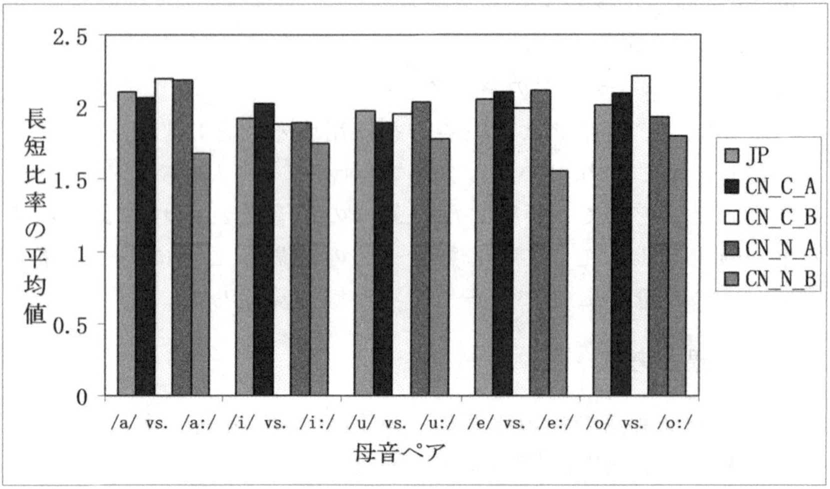

図4-2　各グループの長短比率の平均値

それぞれの話者の母音ペアのあるそれぞれの文ごとの発話速度についてt検定を行った結果、長母音の文と短母音の文に有意差がなかった($p>0.05$)。つまり、それぞれの話者は同じ速度で発話したと言える。

母語と第二言語能力を要因とする2要因分散分析を行った結果は次の通りである。

/a/vs./a:/:母語に主効果が有意に見られた($F(2, 44)=5.87$, $p<0.05$)。第二言語能力に主効果が有意に見られた($F(1, 44)=5.28$, $p<0.05$)。母語×第二言語能力の交互作用に主効果が有意に

見られた(F(2，44)＝4.97，p＜0.05)。事後解析(テューキーの *HSD* 検定)を行った結果、上級の北方方言母語話者大学生グループ、上級の広州方言母語話者大学生グループと日本語母語話者グループの間に有意差はなかった。初級の北方方言母語話者大学生グループの最小対語の長短比率は明らかにほかの四つのグループとの間に有意差が見られた。

/iː//uː//eː//oː/については、分散分析を行った後、/aː/と同じ事後解析の結果が見られたので、以下F値だけを報告する。

/i/vs./iː/：母語に主効果が有意に見られた(F(2，44)＝5.69，p＜0.05)。第二言語能力に主効果が有意に見られた(F (1，44)＝5.47，p＜0.05)。母語×第二言語能力の交互作用に主効果が有意に見られた(F(2，44)＝4.67，p＜0.05)。

/u/vs./uː/：母語に主効果が有意に見られた(F(2，44)＝5.71，p＜0.05)。第二言語能力に主効果が有意に見られた(F(1，44)＝5.63，p＜0.05)。母語×第二言語能力の交互作用に主効果が有意に見られた(F(2，44)＝4.88，p＜0.05)。

/e/vs./eː/：母語に主効果が有意に見られた(F(2，44)＝6.21，p＜0.05)。第二言語能力に主効果が有意に見られた(F(1，44)＝5.17，p＜0.05)。母語×第二言語能力の交互作用の主効果が有意に見られた(F(2，44)＝4.73，p＜0.05)。

/o/vs./oː/：母語に主効果が有意に見られた(F(2，44)＝6.14，p＜0.05)。第二言語能力に主効果が有意に見られた(F(1，44)＝5.11，p＜0.05)。母語×第二言語能力の交互作用が有意に見られた(F(2，44)＝5.11，p＜0.05)。

以上の統計学的な分析から、母音の長短対立の産出については、異なる母語背景の中国人学習者に違いが見られた。広州方言母語話者学習者は、初級でも、日本語母語話者と同じように母音の長短を産出できる。初級の北方方言母語話者学習者は、日本語母語話者と異なる。知覚が産出の必要不可欠な条件とされている(Trubetzkoy，1969；Neufeld，1988；Cortés Pomacóndor，1999)ので、その原因は実験1の結論によって解釈できる。広州方言には母音の長短対立が存在し、初級の広州方言母語話者学習者は容易に日本語の母音長短を知覚し、比較的容易に日本語の母音の長短カテゴリーを形成したので、この長短カテゴリーに基づいて容易に日本語母音の長短を産出したのである。これに対して、北方方言には母音の長短対立がないため、初級の北方方言母語話者大学生グループは日本語の母音音長についての知覚が不十分なので、容易に母音の長短を産出できないと思われる。第二言語である日本語の音韻対立に使われる、母音の長短対立という音韻特徴は、北方方言の音韻対立を示すのに使われない。このため、このような音韻特徴は、初級の北方方言母語話者学習者にとっては産出困難であると言える。

上級の広州方言母語話者学習者は日本語母語話者と同じ長短対立を産出できたことは、持続時間のキューを利用する無アクセント母音音長の対立区別における初級のレベルの優勢を保ったためと言える。

一方、上級の北方方言話者学習者は、日本語母語話者と同じような無アクセント母音音長を産出した。初級の北方方言話者学習者の場合と比べて、上級の北方方言話者のこの結果は、日本語能力の向上に付随したものと考えられる。

以上をまとめると、中国人学習者による日本語母音音長の産出については、初級の学習者グループに方言差が見られたが、言語経験を積むことによって、習得可能であると言える。

4.4　全体の考察

「音韻特徴仮説」によると、第一言語の音韻対立を示すのに使われない第二言語の音韻特徴は、第二言語学習者にとっては知覚困難であり、この特徴に基づいているこの音韻対立を産出することも困難であり、本章の主な目的は、第一言語の音声構造が日本語の音長区別に影響するかを確定し、「特徴仮説」をテストすることにある。そのために実験1と実験2を計画した。実験1では、初級と上級の、中国北方方言母語話者学習者と広州方言母語話者学習者による日本語の母音音長の知覚敏感性を調査した。実験2では同じ被験者の日本語の母音音長の産出を調査した。

実験1では、カテゴリー知覚において、初級の広州方言母語話者の学習者は日本語母語話者に近いのに対し、初級の北方方言母語話者の学習者は日本語母語話者と異なることが見られた。これは言い換えれば、音長に対する敏感性は広州方言母語話者が北方方言母語話者より高いということになる。実験2では、音長産出において、初級の広州方言母語話者が初級の北方方言母語話者よりよい成績を見せた。

二つの実験の結果をまとめて見ると、無アクセント母音の音長については、初級の広州方言母語話者は初級の北方方言母語話者より容易に日本語母音の長短対立を習得したと言える。

第一言語の転移という概念の代案として提示されているBohn(1995)の感度抑圧仮説によれば、特定の言語経験と関係なく母音知覚における持続時間のキューは容易に利用するものである。つまり、転移は母音の持続時間のキューの使用に主要な役割を果たさない。本章の実験から、日本語の無アクセント母音音長の習得については、初級の広州方言母語話者は初級の北方方言母語話者よりよい成績を見せた。北方方言を母語とする学習者は日本語の母音の音長を知覚・産出する点で困難が大きい。この結果は、感度抑圧仮説ではなく、「音韻特徴仮説」を支持することとなったと言える。

一方、二つの実験から、中国人の上級日本語学習者は日本語の音長習得において日本語母語話者に近い成績を見せた。上級の北方方言母語話者の場合は、その原因は第二言語能力に求められるが、上級の広州方言母語話者の場合は、初級のレベルの優勢を保ったためであると考えている。

4.5 おわりに

本章では中国人学習者の日本語無アクセント母音の習得を調査し、「音韻特徴仮説」を支持する結論を出した。

無アクセント母音には持続時間以外のキューがない。しかし、有アクセントの長母音の場合は異なるようである。Nagano-Madsen(1990、1992)などの先行研究は、数がわずかながら、有力にピッチの母音音長知覚における役割を明らかにしている。ピッチが中国人学習者の日本語母音音長の習得の過程においてどのような役割を果たすのか、この点について第5章と第6章で考察していく。

第5章　中国人学習者による有アクセント[①]母音の音長知覚

5.1　はじめに

日本語では母音の長短が音韻的に対立し、母語話者は母音の持続時間に基づいて長母音と短母音を異なる音韻として区別することが知られている(藤崎、杉藤，1977)が、母音音長の区別におけるF0[②]の役割を検討した研究は多くない。知覚実験に基づいて、Nagano-Madsen (1990、1992)ではF0のキューがモーラを数えることに強く影響すると結論をつけている。Nagano-MadsenはF0の落下位置(position of F0 drop)を操作することによって、F0の母音音長の知覚に対する影響を調査したが、Kozasa(2005)は母音の持続時間を操作することによって、F0のフォールの母音音長に対する影響効果を調査した。実験結果から、日本語東京方言話者聴取者が有アクセント母音の音長を同定するには、持続時間のみでは十分ではなく、ピッチフォールが有アクセント母音の音韻論的音長の知覚に影響するということが示されている。それでは、中国人日本語学習者の場合は、どうなるであろうか。この点が本章で注目するところである。

---

① 「有アクセント」はピッチフォール(HLの音調配列)があるということである。「アクセントがある」といった意味ではない。p23の注②をご参照いただきたい。

② エフゼロと読む。

5.2　アクセント、声調とそれぞれの知覚

5.2.1　北方方言と広州方言の声調における差異

北方方言と広州方言はともに声調を持っている方言であるが、声調の数や声調のパターンなどの点では異なる。北方方言には意味に変化を起こす声調は4種類(「四声」)しかないということはほとんどの研究者の間で一致している。広州方言における声調の種類の正確な数については現在でも研究者間で一致していないが、標準9声調システムというのが最も伝統的で一般的な見解のようである(Kao，1971；Vance，1977；Edward，Valter，2007)。広州方言における声調の種類に関するもう一つの問題は、55と53の区別である。53は高降であるが、Chao(1947)とVance(1976)は広州方言では、55と53は異声調(allotone)として使われていると報告している。一方、Kao(1971)、Hashimoto(1972)は、変調の結果53は55に変化する声調であると主張した。広州方言の高降声調は、53に記述しているChao(1947)が多くの研究の記述に援用されている。

広州方言と北方方言の声調は表5-1と表5-2のようにまとめられる(袁家骅，1983；李新魁等，1995)。

表5-1　広州方言の声調

第1声	第2声	第3声	第4声	第5声	第6声	第7声	第8声	第9声
55　53	35	33	21	23	22	5	33	2
诗	使	试	时	市	事	失	泄	入

表5-2　北方方言の声調

第1声	第2声	第3声	第4声	軽声
55	35	214	51	
诗	石	史	势	的 de

5.2.2　声調と知覚

声調の数が多い広州方言話者と北方方言話者とでは、声調の知覚に違いがある可能性があると示唆されている(Yuh-Shiow, Vakoch, Lee, 1996)が、先行研究では、広州方言や北方方言の声調知覚はピッチ(F0)変化が主要なキューであるということで見解が一致している(Allard, Wang, Corinne, Richfield, Joan, 2004)が、音節の継続時間は現代の標準中国語の声調の知覚にとっても、広州方言の声調の知覚にとっても重要なキューであるという証拠を提供したものはない(Fok, 1974; Vance, 1976、1977; Gandour, 1981、1983; Edward, Valter, 2007)。

声調は、音節内におけるピッチの相対的な変化であることは疑いのない事実である。しかし、ピッチの変化は時間に伴うものであるという点も言うまでもない。時間によって声調の持続時間が決まるのである。正確に言えば、声調はピッチと持続時間の関数である(刘俐李, 2004)。標準中国語では、声調の持続時間が異なり、51声調が最も短く、軽声[①]になる持続時間より長ければ、高降調が51声調と知覚されるということが実験によって確認されている(Allard, Wang, Corinne, Richfield, Joan, 2004)。一方、声調言語では、声調はピッチと音長の関数である以上、声調が母音の持続時間に影響することが考えられる。

① 軽声の例:「妈妈 māma」の後ろの「妈」。

5.2.3 中国語の51声調と日本語のアクセント

日本語では、ピッチ・ライズとピッチ・フォールはモーラ境界(mora boundary)で起こらなければならない。言い換えれば、それぞれのモーラの相対的ピッチ・ハイト、すなわちH音調またはL音調が日本語アクセントシステムに非常に重要である。これが中国語と大きく異なる。中国語では、ピッチ移動は音節の境界に起こるのではなく、音節内に起こるのである。つまり、中国語の声調にとって基本的な韻律単位は音節であるのに対して、日本語のアクセントにとって基本的な韻律単位はモーラである。これは中国語の声調と日本語のアクセントとの間の最も重要な相違点である(Ofuka，1997；So，2006)。

しかし、標準中国語の声調と日本語のアクセントに類似点もある。音声的実現に関しては、日本語のアクセントにおけるHLのF0パターンは、標準中国語の51声調に似ている。特に有アクセント長母音は第4声に聞こえると言われる(户田昌幸、黄国彦，1982)。日本人留学生を対象とする声調習得におけるエラーに関する縦断的な研究(张虹，2003)によると、中国語の4声の中で、習得の困難さが最も小さいものは第4声であり、第4声のエラー率が学習の最初段階でも小さい①。張虹(2003)は日本語の頭高型②のアクセントが中国語の第4声に似ているので、エラー率の少なさを母語の転移としている。

これらの先行研究は聴取者の聴覚印象に委ねられたりして、心理学的方法で考察したものはないようであるが、その記述から、日本語におけるHLのF0パターンは中国語の51声調に似ており、中国人は日本語の有アクセントの長母音のピッチフォールを51声調に知覚するのではないかと推測できる。

---

① しかしながら、初級学習者による声調は調値のエラーもあるが、ピッチレンジが狭すぎる(ピッチレンジとはF0の高低が及ぶ範囲のことである)(张虹，2003)。

② 頭高型の例:「チーム」。

5.3　本章の仮説

以上の研究を踏まえて、本論文では、以下の仮説を立てる。

H1:中国語では方言差を問わず、持続時間ではなく、F0が声調の知覚に主要なキューであるということはすでに疑いのない事実であるから、そういう言語を母語とする中国人が日本語の有アクセントの長母音を下降声調として知覚する(下降声調によって日本語の有アクセントの長母音を知覚する)ならば、中国人学習者は方言差を問わず高降声調で日本語の長母音音節のピッチフォールを知覚する。

H2:北方方言では下降声調は51声調であり、広州方言では下降声調は53である。したがって、中国人北方方言話者学習者は51声調で長音節のピッチフォールを知覚する。これに対し、広州方言話者学習者は53調で長音節のピッチフォールを知覚する。したがって、長音節のピッチフォールを知覚するパターンは、広州方言話者学習者のほうが北方方言話者学習者より日本人母語話者に近く、必要なピッチレンジも狭い。

H3:中国人学習者は、方言差を問わず日本人より広い音域で日本語の長母音音節のピッチフォールを知覚する。したがって、中国人学習者は日本語母語話者と比べて、持続時間よりピッチフォールのほうを長母音のキューとして利用する。

5.4　実験

5.4.1　被験者

被験者グループ(聴力の正常な20代の大学生)は下記の通りである。

A. 上級学習者グループ(advanced):日本語を28ヶ月以上専攻している大学生
そのうち:北方方言母語話者大学生グループCN_N_A(20名)

広州方言母語話者大学生グループCN_C_A(20名)

B. 初級学習者グループ(beginner):日本語を2ヶ月間専攻している大学生

そのうち:北方方言母語話者大学生グループCN_N_B(20名)

広州方言母語話者大学生グループCN_C_B(20名)

C. 日本語母語話者グループ:東京方言話者 JP(40名)

5.4.2 音声資料

目標単語は、5ペアの日本語母音(a-aː, i-iː, u-uː, e-eː, o-oː)がそれぞれ無意味語/zVza/に入れられたものである。こうして、目標単語には、HLのアクセント型を持つ2モーラ語と、HLLのアクセント型を持つ3モーラ語を用いたのである。

表5-3 発話資料に使った目標単語(アクセント型は頭高型①)

a-aː	ザーザ	ザザ
i-iː	ジーザ	ジザ
u-uː	ズーザ	ズザ
e-eː	ゼーザ	ゼザ
o-oː	ゾーザ	ゾザ

30代の男性の日本語母語(東京方言)話者に、有アクセント型のように発話してもらった。10個の単語をそれぞれキャリア文「このペンが(____)です」に入れ、ランダムに配列し、発話者に自然な発話速度とイントネーションで5回発話してもらった。また、スピーチスタイルとしては、友達と話すようなくだけた形でもなく、丁寧すぎて不自然な形でもないスタイル、具体的に言うと、「マイクの前で話すようなフォーマルな会話」で読むように依頼した。

① 例:スーパー。

それぞれの音声資料を録音したものを、48kHzサンプリングレート、16bitの量子化水準で、高品質ディジタルレコーダーSONY製PCMD50で録音した。全部で50の録音資料を得た(5母音ペア×2音量(長短)×5回)。

そして、図5-1に示したように、F0曲線と目標母音について、①周期波形の始まり、②F0が目標母音の始まりのF0値より2Hz[①]下降した位置、③目標母音の後ろの/z/と関連する摩擦の始まり、というような三つの点を確定した。

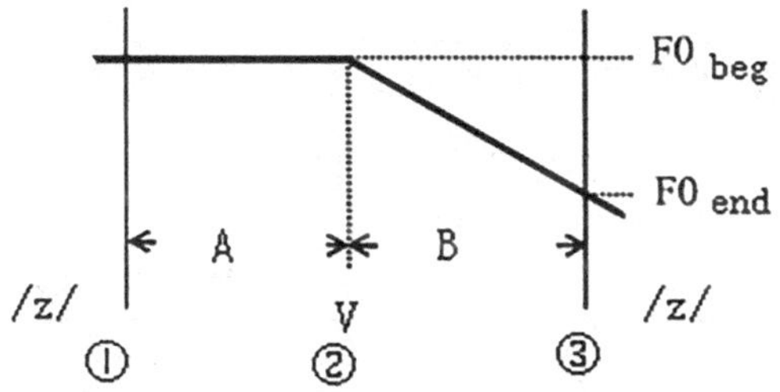

図5-1　単語内のF0曲線と目標母音が測定された点

これら三つの点に基づき、次のような四つの量の測定を行った。

ⅰ. Aの持続時間

ⅱ. Bの持続時間

ⅲ. 目標母音の始まりにおける基本周波数(F0beg)

ⅳ. 目標母音の終わりにおける基本周波数(F0end)

持続時間Aは①から②までの間隔であるが、この間隔においてF0曲線が相対的に高く、平坦である。持続時間Bは②から③までの間隔であり、この間隔においてF0曲線が相対的に高い(H)から相対的に低い(L)へ下降する。それぞれの10個の母音について、5

① 先行研究ではこのF0値を測定し、研究している。先行研究の結論と比較するため、同じやり方を取った。詳細はNagano-Madsen(1990、1992)をご参照いただきたい。

回の発話において、これら四つの量の平均値を計算し、平均値に最も近い発話を選んで、合成音声の元合成音声データ(表5-3のそれぞれの目標母音の第1段階と第7段階の値)①にした。

5.4.3 音声合成

元データの、10個の目標母音とその測定値は、5セット(1セットは49個で、全部で5セットある)を合成するための基礎となる。音声の合成はPraatによって行った。孤立した単語/zVza/のみが聴取テストに提示されるのであるから、音声資料の産出に用いられたキャリア文はもとの録音資料から切り取ったのである。合成はそれぞれのペアの長母音から開始し、信号を対応する元合成音声データの短母音の測定値へ調整していった。

表5-4 5セットの合成音声のパラメータセッティング

単語ペア		分節音 A	分節音 B		
		持続時間(msec)	持続時間(msec)	F0(Hz)	
				開始 F0	目標 F0
/aː/	第7段階	187	102	140	108
↓	段階間の距離	14	10	0	5
/a/	第1段階	89	28	140	140
/iː/	第7段階	165	79	150	114
↓	段階間の距離	14	3	0	6
/i/	第1段階	69	58	150	150

---

① たとえば短母音「a」では、i について言えば、その5回の発話の中で最も平均値に近い値が2回目の発話で、その値が89ならば、表5-1の/aː/→/a/の行の i を表す列の第一段階のところに89を入れ、合成音声に用いる一番短い持続時間(第1段階)の値にする。長母音「aː」の場合は、その値が187ならば、表5-1の/aː/→/a/の行の i を表す列の第7段階のところに187を入れ、合成音声に用いる一番長い持続時間(第7段階)にする。

（つづき）

単語ペア		分節音 A	分節音 B		
		持続時間（msec）	持続時間（msec）	F0（Hz）	
				開始 F0	目標 F0
/uː/	第7段階	160	104	143	110
↓	段階間の距離	7	10	0	5
/u/	第1段階	110	25	143	143
/eː/	第7段階	154	103	147	110
↓	段階間の距離	11	10	0	5
/e/	第1段階	78	23	147	147
/oː/	第7段階	180	92	147	112
↓	段階間の距離	13	9	0	5
/o/	第1段階	91	32	147	147

それぞれのセットについては、元合成音声データが7×7合成行列の端点に用いられ、同じ距離の7段階の持続時間の調整とF0曲線の調整を伴うそれぞれの持続時間の段階については、AとBを同時に調整した(表5-4)。それぞれの母音調整段階では、7個の母音はF0調整の異なる程度のもとで合成された。

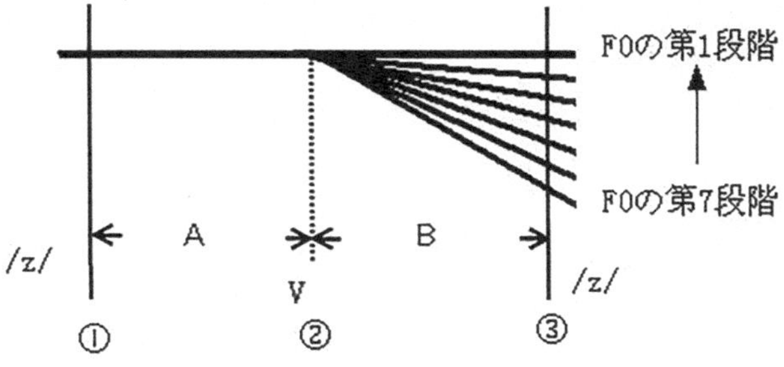

図5-2　合成方法

図5-2に示されているように、F0調整はBにおいて、完全に降下

的なものから平坦なものへとスロープを変えることによって行われた。それぞれの母音ペアと中間の段階における母音の持続時間とF0値を表5-3に示している。「開始 F0」列と「目標 F0」列における値はそれぞれF0の開始位置の値（図5-2の②のところのF0）と、目標となるF0の値（図5-2の③のところのF0）を指す。

5.4.4 実験手続き

被験者はヘッドフォンを着けて、マウスの付いたパソコンの前に座り、一人ひとり単独に実験を行った。それぞれの試行①に対して、被験者はヘッドフォンを通して合成音声を聴取し、音長が異なる二つの/zVza/は片仮名の形でスクリーンに提示されていた。被験者は聞いた単語をスクリーンにある単語のどれかを選択し、できるだけ速くマウスでスクリーンにある/zVza/のいずれかをクリックするように指示された②。それぞれの試行に対して、反応時間（reaction time; RT）が記録された。反応時間は心理学の用語で、刺激が提示されてから反応が生起するまでの所要時間を反応時間と言うのが普通であるが、ここでの反応時間は具体的には、音声刺激が提示されてからボタンが押された時刻までの時間を指す。被験者は回答ボタンの隣にあるボタンを押すことによって、次の試行に進んだ。こうして、どの被験者も自分で実験を進めるペースを設定することができた。被験者が実験を始める前に、実験者は書面資料と口頭で試験のやり方を指導した。実際の実験の前に、練習をしてもらった。練習を終わった後、実験者は被験者に実験のやり方を理解したかどうかを確認しておいた。

---

① 心理学では一つの実験が複数の「試行」からなると考えられる。ここでの一つの「試行」は被験者が合成音声を聴取し、スクリーンに呈示された二つの/zVza/から一つを選ぶことを指す。

② 被験者には音声刺激を長母音と思うならば、左側のボタンを押し、短母音と思うならば、右側のボタンを押すように指示した。

5.4.5　結果と考察

分散分析をより明瞭にするため、直交表[①]によって実験を計画しておき、直交表$L_{343}(7^{57})$を利用した。交互作用と主効果の両方を分析できるように、擬水準法と組合せ法を用いた(田口，1977)。それぞれの母音ペアについては、ある単語が長母音と判断した回答の平均百分率(以下「平均長母音回答率」と略す)を計算した。第二言語能力(初級・上級)、被験者グループの母語(日本語・北方方言・広州方言)、持続時間とピッチを要因とする分散分析を行った結果は次のとおりである。

母語、第二言語能力、持続時間、ピッチには主効果が見られた(母語：$F(6，216)=3.52$，$p<0.05$；第二言語能力：$F(6，216)=6.51$，$p<0.05$；持続時間：$F(2，216)=2.67$，$p<0.05$；ピッチ：$F(6，216)=2.45$，$p<0.05$)。

事後解析(テューキーの*HSD*検定)を行った結果、初級の北方方言母語話者大学生グループ、上級の北方方言母語話者大学生グループ、上級の広州方言母語話者大学生グループの間に有意差は見られなかったが、この3グループは初級の広州方言母語話者グループとの間にも、日本語母語話者グループとの間にも有意差は見られた。初級の広州方言話者グループと日本語母語話者グループとの間にも有意差は見られた。

---

① 直交表は実験計画の方法の一つである。実験に要因が三つ以上である場合、計算が複雑になり、実験の回数を増やし、莫大な労力や財力がかかる。直接に分散分析を応用しても結果が理解されないことがある。実験の回数を少なくし、計算を容易にするため、分散分析を行う前、まず直交表をつくり、最適な実験を計画するのが普通である。直交表$L_{343}(7^{57})$ではLは直交表の名前を表す。343は表に行数が343あることを表す。7はすべての要因に七つの水準があることを表す。57は表の列数が57あることを表し、この種類の表に多くとも57の要因が入ることが可能である、ということも表す。直交表は要因の水準の数が厳しい。実際の実験では要求される水準に達していない場合も直交表を利用するなら、擬水準法を使う。組合せ法とは異なる因子の水準を組み合わせる方法である。これらの方法の使用は実験の結果に影響しない。詳細は田口(1977)をご参照いただきたい。

図5-3、図5-5～図5-8は7段階におけるそれぞれの母音ペアの各グループの平均長母音回答率を表している。

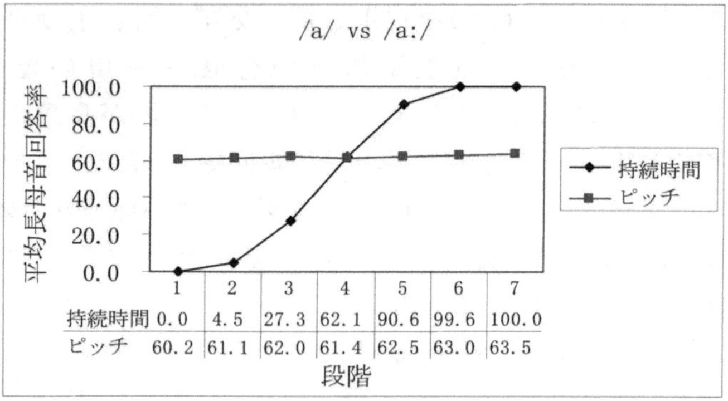

	1	2	3	4	5	6	7
持続時間	0.0	4.5	27.3	62.1	90.6	99.6	100.0
ピッチ	60.2	61.1	62.0	61.4	62.5	63.0	63.5

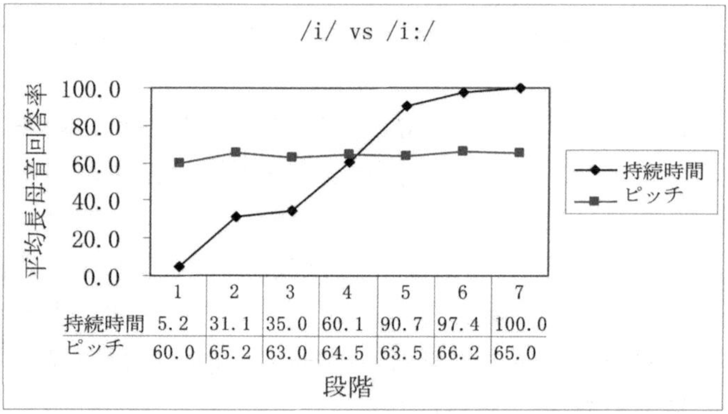

	1	2	3	4	5	6	7
持続時間	5.2	31.1	35.0	60.1	90.7	97.4	100.0
ピッチ	60.0	65.2	63.0	64.5	63.5	66.2	65.0

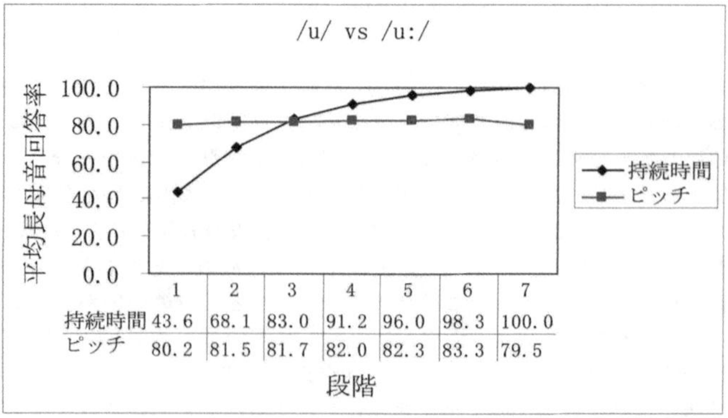

	1	2	3	4	5	6	7
持続時間	43.6	68.1	83.0	91.2	96.0	98.3	100.0
ピッチ	80.2	81.5	81.7	82.0	82.3	83.3	79.5

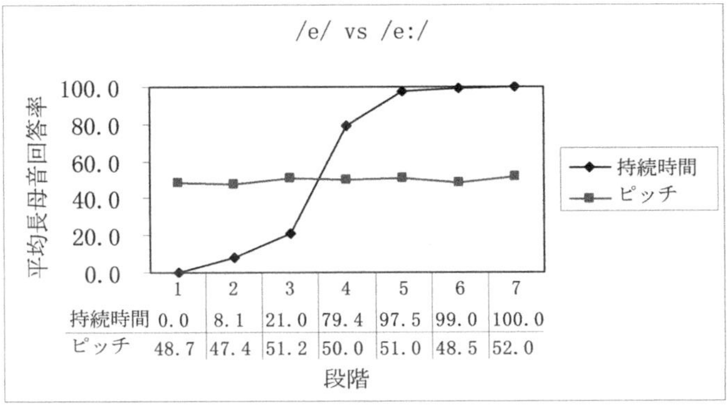

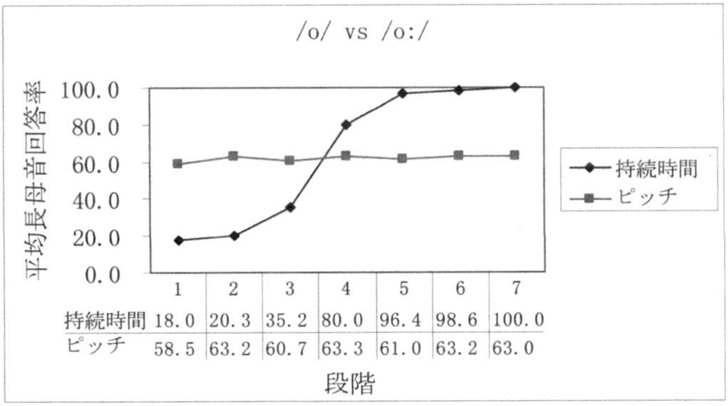

図5-3　日本語母語話者グループの平均長母音回答率

図5-3は母音ごとの、7段階のF0曲線における平均長母音回答率を表す。これらの図を見てみよう。持続時間が第1段階では平均長母音回答率が低く、第7段階では平均長母音回答率が高い。

持続時間の段階では、S字型の曲線が見られる。これに対して、F0曲線の段階では、平均長母音回答率に信頼できる差異が見られなかった。しかし、回答曲線にはわずかな右上がりのスロープがある。これは、F0曲線の段階は持続時間のすべての段階で信頼できる差異を見せないが、持続時間の特定の段階では差異を見せるだろう、と示唆している。50％を上回る平均長母音回答率が出現する持続時間段階(以下50％を上回る時間段階と略す)ではどうなるのか見てみよう。F0曲線段階に沿う回答曲線は、50％を上回る時間段階で著しい右上がりのスロープを見せ、ほかの時間段階でより平坦なスロープを見せるだろうと推測できる。これを調査するため、図5-3の図を図5-4に変換した。

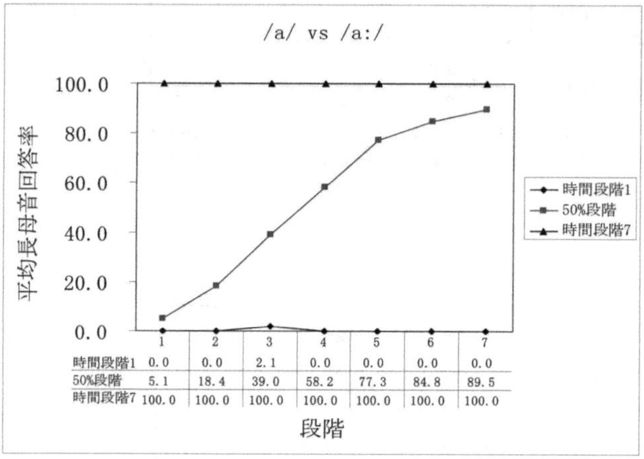

	1	2	3	4	5	6	7
時間段階1	0.0	0.0	2.1	0.0	0.0	0.0	0.0
50%段階	5.1	18.4	39.0	58.2	77.3	84.8	89.5
時間段階7	100.0	100.0	100.0	100.0	100.0	100.0	100.0

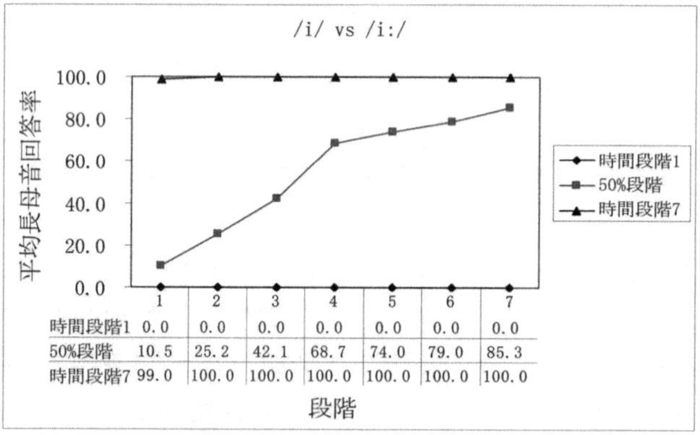

	1	2	3	4	5	6	7
時間段階1	0.0	0.0	0.0	0.0	0.0	0.0	0.0
50%段階	10.5	25.2	42.1	68.7	74.0	79.0	85.3
時間段階7	99.0	100.0	100.0	100.0	100.0	100.0	100.0

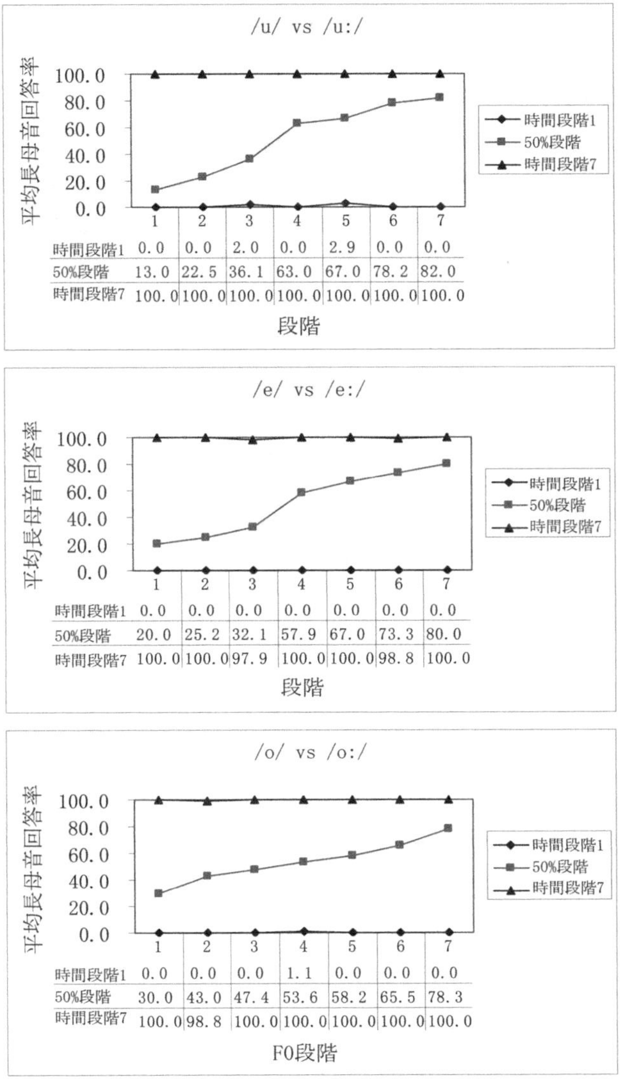

図5-4　三つの持続時間段階におけるF0変化に伴う回答率

持続時間が、母音の音長を同定する十分なキューを提供できるとき(持続時間の第1段階と第7段階)と、母音の音長を同定する十分なキューを提供できないとき(回答率が50％を上回るとき)とでは、聴取者の回答がどのような差異があるかをより明白に見るために、持続時間の三つの段階を選んだ。図5-3からわかるように、持続時間の第1段階と第7段階では持続時間は極端な値を持っているため、一般に、聴取者が母音の音長(つまり長母音か短母音か)を同定できる十分なキューを提供できる。回答率が50%を上回る時間段階では母音音長を同定するキューを提供できない。そこで、50%を上回る時間段階に基づいて母音ペアごとの平均長母音回答率を引き出した。これらの値は、持続時間の第1段階における値と、第7段階における値と座標で示す。図5-4に示したように、すべての母音について、持続時間の第1段階と第7段階の平均長母音回答率は、7段階のF0に沿っての変化が非常に小さい。聴取者の回答は持続時間のこれらの段階ではほとんどF0曲線の調整から影響を受けなかったことが示されている。しかし、50%を上回る時間段階での平均長母音回答率はF0曲線の段階により全体的に異なる。F0曲線が平坦なとき(F0の第1段階)は聴取者は母音を短母音と同定し、F0曲線が下降しているときは(F0の第7段階)聴取者は母音を長母音と同定した。

したがって、日本人は、持続時間のキューが足りない場合はピッチをキューに音長を知覚する。これは先行研究と一致しているが、本章では中国人学習者の場合はどんな様子かをさらに明らかにしたい。学習者グループ(図5-5～図5-8)は日本語母語話者グループと異なった様子を見せた。

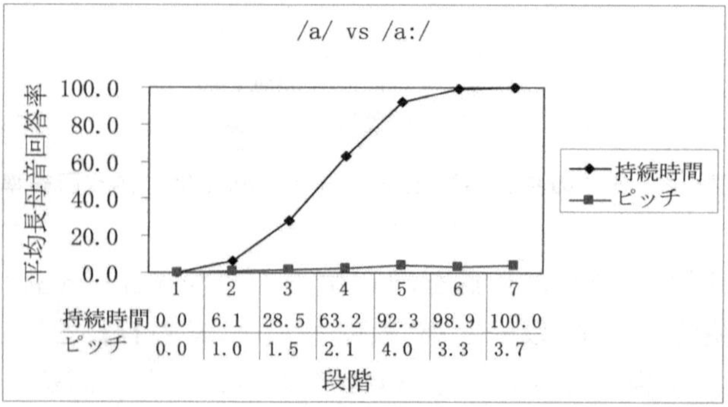

段階	1	2	3	4	5	6	7
持続時間	0.0	6.1	28.5	63.2	92.3	98.9	100.0
ピッチ	0.0	1.0	1.5	2.1	4.0	3.3	3.7

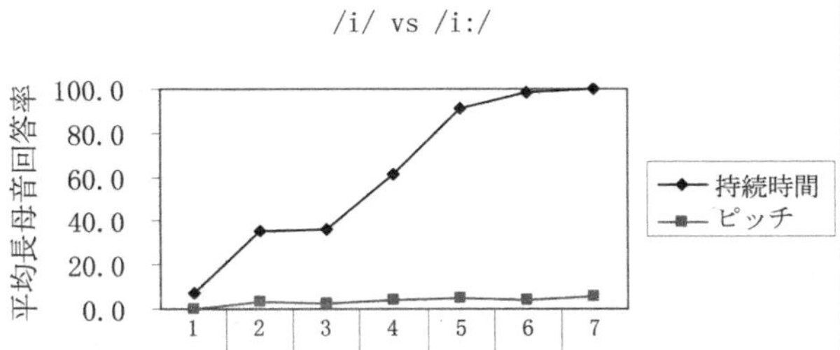

	1	2	3	4	5	6	7
持続時間	6.9	35.8	36.1	61.0	91.2	98.3	100.0
ピッチ	0.0	3.0	2.7	4.2	4.9	4.0	5.5

段階

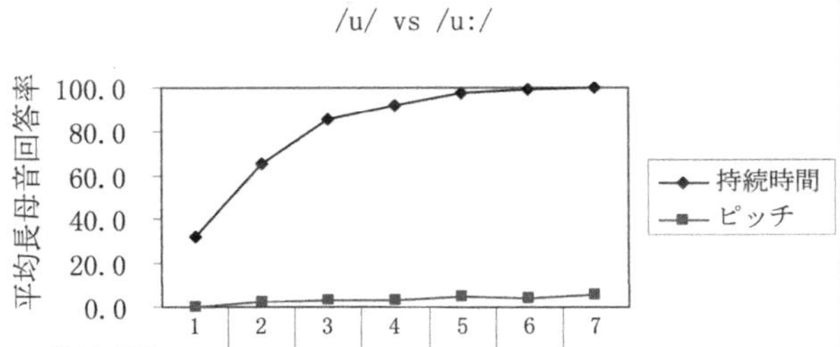

	1	2	3	4	5	6	7
持続時間	32.2	65.1	85.3	92.0	97.4	99.1	100.0
ピッチ	0.0	2.1	2.9	3.5	5.2	4.0	5.9

段階

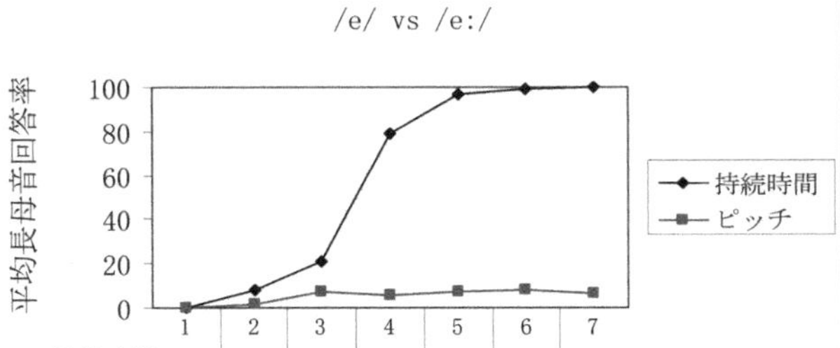

	1	2	3	4	5	6	7
持続時間	0	8	21	78.9	97.1	99.1	100
ピッチ	0	2	6.9	6	7.1	7.9	6.5

段階

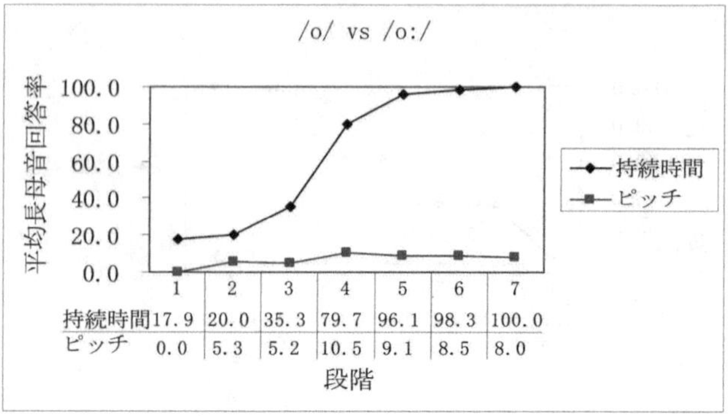

図5-5　広州方言話者日本語学習者(初級)グループの平均長母音回答率

初級の広州方言話者学習者グループの場合、最も高い平均長母音回答率は持続時間が最も長い合成音声に見られた。つまり、初級の広州方言話者学習者グループはピッチより持続時間をキューに日本語母音の音長を同定した。その原因は、広州方言において母語の長短対立が利用される点にあると推測される。

上級の広州方言話者学習者グループは北方方言話者学習者グループと同じような様子を見せたが、他のグループとは異なる様子を見せた(図5-6)。

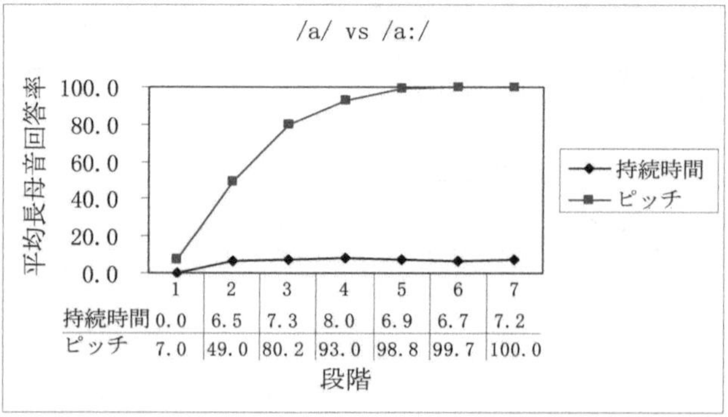

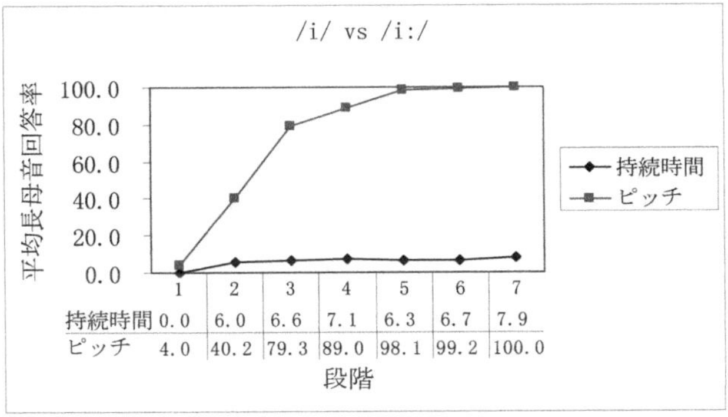
/i/ vs /i:/
平均長母音回答率
100.0
80.0
60.0
40.0
20.0
0.0
持続時間
ピッチ
1 2 3 4 5 6 7
持続時間 0.0 6.0 6.6 7.1 6.3 6.7 7.9
ピッチ 4.0 40.2 79.3 89.0 98.1 99.2 100.0
段階

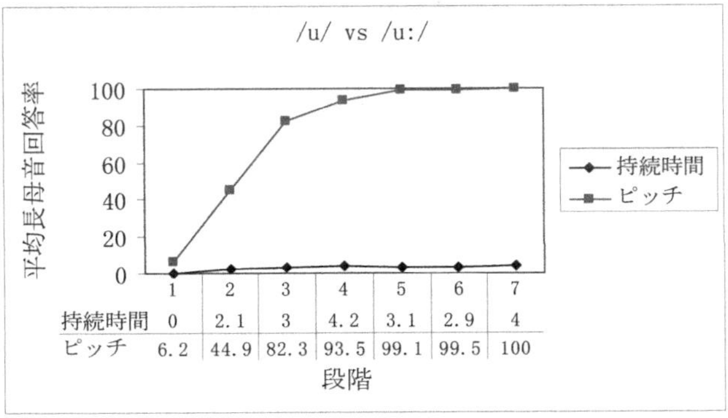
/u/ vs /u:/
平均長母音回答率
100
80
60
40
20
0
持続時間
ピッチ
1 2 3 4 5 6 7
持続時間 0 2.1 3 4.2 3.1 2.9 4
ピッチ 6.2 44.9 82.3 93.5 99.1 99.5 100
段階

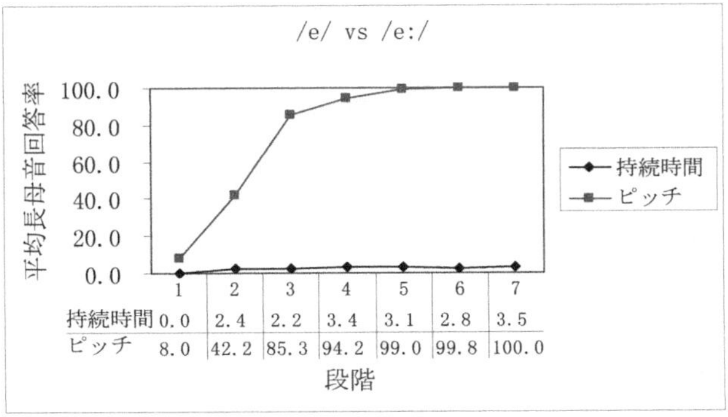
/e/ vs /e:/
平均長母音回答率
100.0
80.0
60.0
40.0
20.0
0.0
持続時間
ピッチ
1 2 3 4 5 6 7
持続時間 0.0 2.4 2.2 3.4 3.1 2.8 3.5
ピッチ 8.0 42.2 85.3 94.2 99.0 99.8 100.0
段階

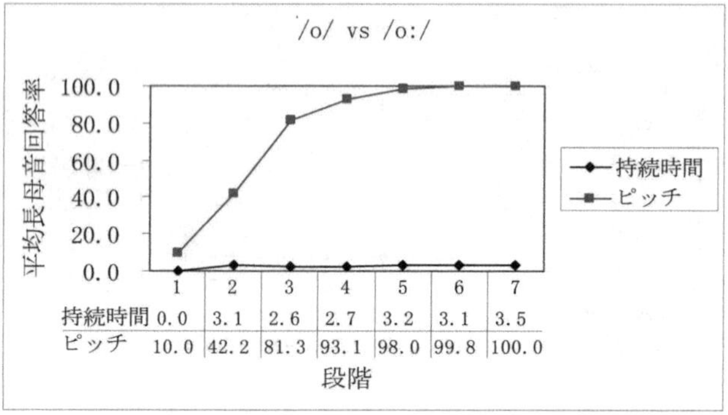

図5-6　広州方言話者日本語学習者(上級)グループの平均長母音回答率

上級の広州方言母語話者学習者グループの場合、最も高い平均長母音回答率は最も高いピッチフォールのある合成音声に見られた。つまり、上級の広州方言母語話者学習者グループはピッチをキューに日本語の母音の音長を同定する。

初級と上級の北方方言話者学習者グループは上級の広州方言話者学習者グループと同じ様子を見せた(図5-7～図5-8)。その原因は北方方言話者学習者が母語の51声調によって長母音のピッチフォールを知覚する点にあると思う。

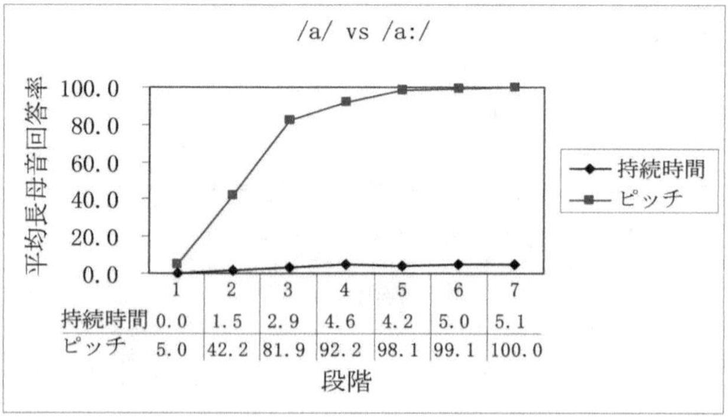

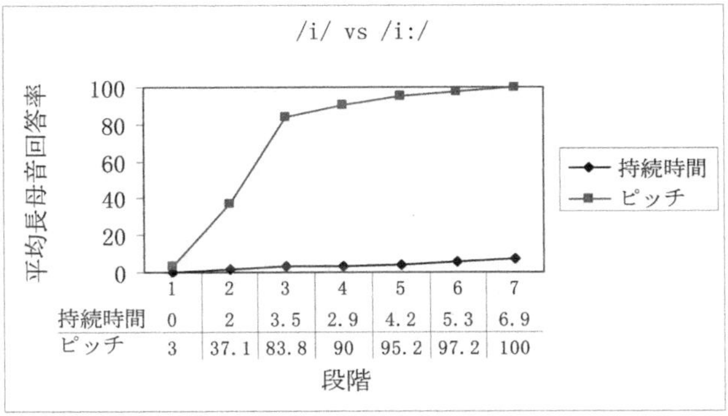
/i/ vs /i:/
平均長母音回答率
100
80
60
40
20
0
持続時間
ピッチ
1 2 3 4 5 6 7
持続時間 0 2 3.5 2.9 4.2 5.3 6.9
ピッチ 3 37.1 83.8 90 95.2 97.2 100
段階

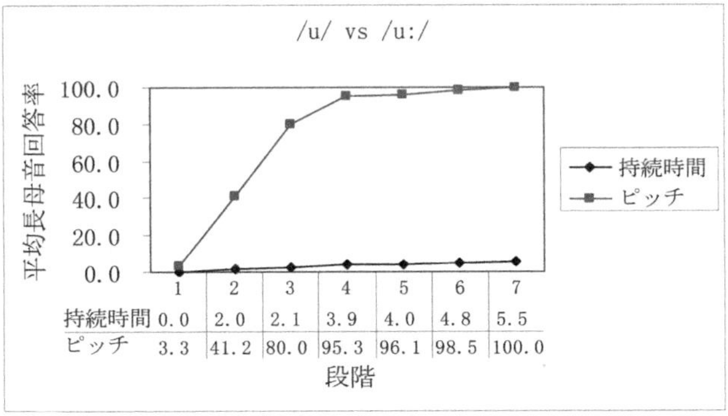
/u/ vs /u:/
平均長母音回答率
100.0
80.0
60.0
40.0
20.0
0.0
持続時間
ピッチ
1 2 3 4 5 6 7
持続時間 0.0 2.0 2.1 3.9 4.0 4.8 5.5
ピッチ 3.3 41.2 80.0 95.3 96.1 98.5 100.0
段階

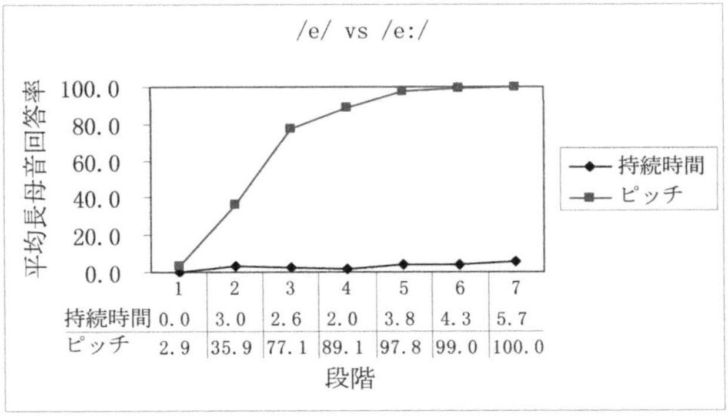
/e/ vs /e:/
平均長母音回答率
100.0
80.0
60.0
40.0
20.0
0.0
持続時間
ピッチ
1 2 3 4 5 6 7
持続時間 0.0 3.0 2.6 2.0 3.8 4.3 5.7
ピッチ 2.9 35.9 77.1 89.1 97.8 99.0 100.0
段階

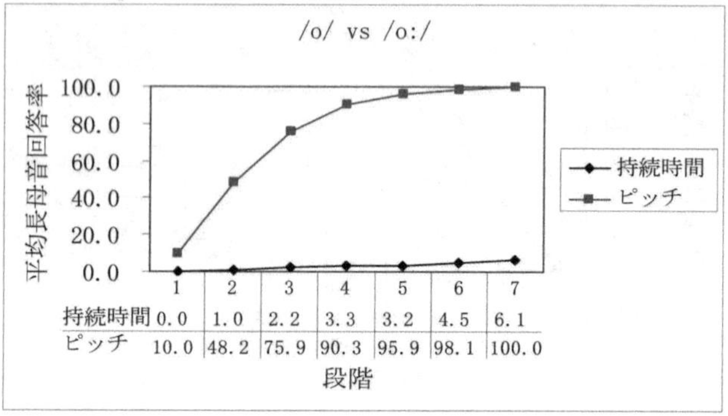

	1	2	3	4	5	6	7
持続時間	0.0	1.0	2.2	3.3	3.2	4.5	6.1
ピッチ	10.0	48.2	75.9	90.3	95.9	98.1	100.0

図5-7　北方方言話者日本語学習者(初級)グループの平均長母音回答率

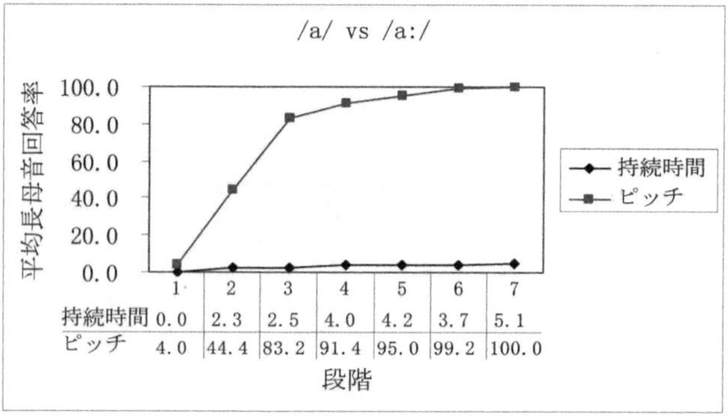

	1	2	3	4	5	6	7
持続時間	0.0	2.3	2.5	4.0	4.2	3.7	5.1
ピッチ	4.0	44.4	83.2	91.4	95.0	99.2	100.0

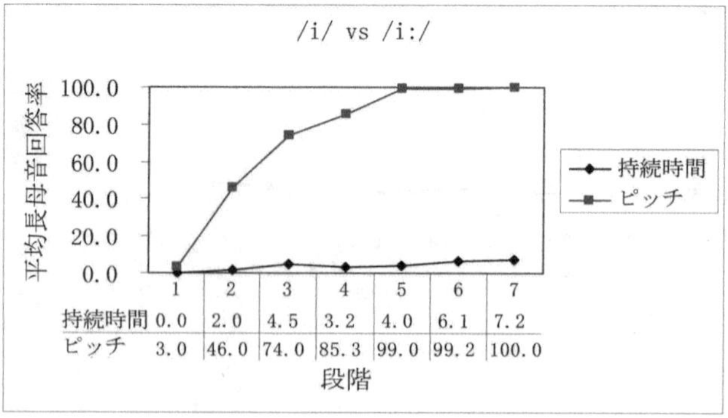

	1	2	3	4	5	6	7
持続時間	0.0	2.0	4.5	3.2	4.0	6.1	7.2
ピッチ	3.0	46.0	74.0	85.3	99.0	99.2	100.0

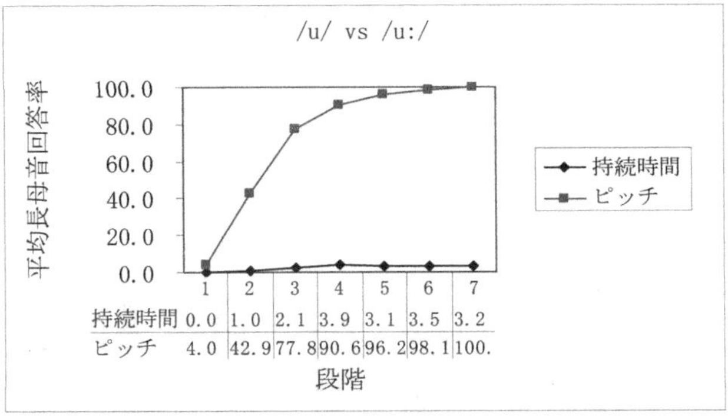

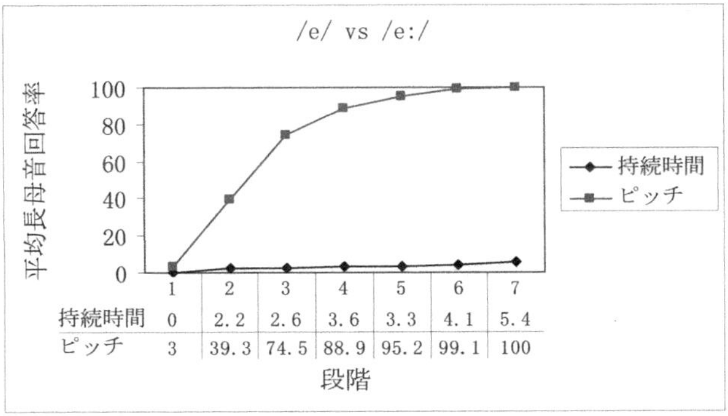

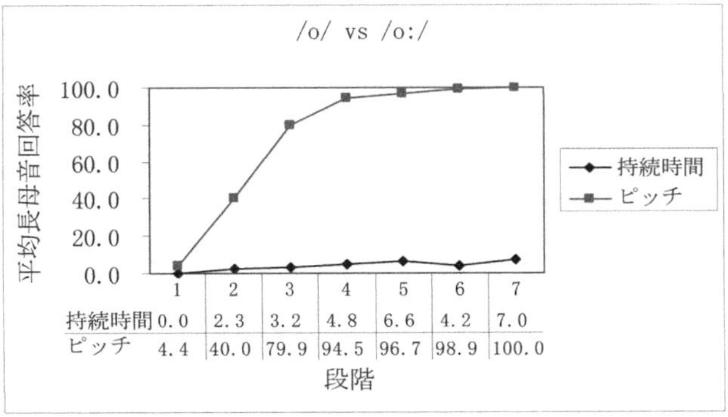

図5-8　北方方言話者日本語学習者(上級)グループの平均長母音回答率

反応時間に関するデータは、以上の「北方方言話者学習者と上級の広州方言話者学習者は51声調で長音節を知覚する」という結論を裏付けることになった。つまり、北方方言話者学習者と上級の広州方言話者学習者はピッチフォールが大きい場合、反応時間が短い。

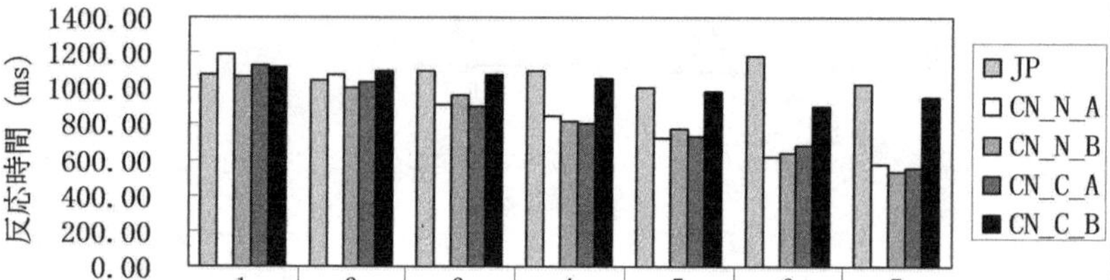

	1	2	3	4	5	6	7
JP	1075.83	1045.00	1099.23	1100.45	1006.98	1179.86	1024.64
CN_N_A	1190.59	1079.83	909.69	843.65	725.32	611.44	569.42
CN_N_B	1069.12	1000.60	956.79	810.08	769.55	641.12	534.59
CN_C_A	1130.01	1029.59	899.77	799.93	732.18	674.75	550.51
CN_C_B	1113.45	1100.83	1079.49	1053.83	984.33	900.66	947.94

ピッチ段階

図5-9　ピッチ段階ごとの各グループの平均反応時間

第二言語能力については、ここで注目すべき現象は、広州方言話者の場合、初級の学習者は持続時間をキューに音長を知覚するのに対し、上級の学習者はピッチをキューに音長を知覚する。

以下、本章の仮説を考察しながら、初級の広州方言母語話者学習者が持続時間のキューを、それ以外のグループがピッチのキューを利用する要因を探ってみる。

H1では、中国人学習者は方言差を問わず高降声調で日本語の長母音音節のピッチフォールを知覚するという仮説を立てているが、実験ではこの仮説と一致しない結果が出た。具体的に言えば、北方方言母語話者学習者と上級の広州方言母語話者学習者はピッチをキューに母音の音長を知覚するのに対し、初級広州方言話者学習者は持続時間をキューに母音の音長を知覚し、ピッチをほとんど利用しない。

北方方言母語話者学習者がピッチをキューに母音の音長を知覚

する点については、母語の声調の転移が要因として考えられる。北方方言母語話者学習者の母語の下降声調51[①]は、音声的実現において、日本語の有アクセント長母音におけるピッチフォールに似ている。戸田昌幸、黄国彦(1982)では、「中国語の第4声を日本語のアクセントと比較すれば、日本語にも第4声がある」と述べ、その出現環境について、長母音を含む単語「大きい」の例を挙げ、第2音節に位置する長母音「きい」では音調がHLで、同じ音節でピッチがHからLへ下がることが中国語の第4声の調型に似ているので、第4声に聞こえるわけであるとしている。つまり、北方方言母語話者学習者の知覚では、長母音におけるHLのピッチフォールは中国語の声調に似ている。Flege(1995)の音声学習モデルによると、第二言語の音声カテゴリーは母語の音声カテゴリーに類似しているならば、母語の音声カテゴリーに同化される。そのため、北方方言母語話者はモーラ間のピッチの相対的高低をキューとして利用するのではなく、有アクセント長母音におけるHLのピッチフォールを母語の51声調に同化したのである。

上級の広州方言母語話者学習者は初級と上級の北方方言母語話者と同じようにピッチをキューに母音の音長を同定した。上級の広州方言母語話者学習者は初級と上級の北方方言母語話者と異なるピッチフォールを利用するかどうかを探るために、この三者の平均反応時間について分散分析を行ったところ、有意差が見られなかった。したがって、上級の広州方言母語話者学習者は初級と上級の北方方言母語話者と同じようなピッチフォールを利用したと言える。初級と上級の北方方言母語話者は51声調をキューに母音音長を同定したのであるから、上級の広州方言母語話者学習者も51声調をキューに母音音長を同定したと言える。つまり、上級の広州方言母語話者学習者は普通話の声調の影響を受けて、51声調を利用し、ピッチをキューに日本語の母音音長を同定したということである。広州方言区では、ラジオ放送もテレビ番組もバス

---

① すなわち第4声。例：大 dà。

内放送も広州方言を使用することが非常に多い。これは、広州方言区以外の方言区には見られない現象である。また、第1章の1.3の表1-1から分かるように、学習者は小学生から高校まで、家族や友達と広州方言だけを話す。被験者と個別に交流した結果、これらの学習者は大学入学前、学校の教師も広州方言を頻繁に使用していたことを明らかにした。しかし、このような事情は大学入学後に逆転し、大学で大量に使用する方言は北方方言になる。一方、上級の広州方言母語話者学習者が初級の広州方言母語話者学習者と異なる点の一つは、実験に参加した上級の広州方言母語話者学習者は全員普通話も話すということである。広州方言には51声調がない。したがって、上級の広州方言母語話者学習者は標準中国語の声調の影響を受けていると考えられる。

北方方言母語話者学習者と上級の広州方言話者学習者と異なって、初級の広州方言話者学習者は持続時間をキューに有アクセント母音の音長を知覚し、ピッチをほとんど利用しない。これは、初級の広州方言話者学習者の母語における母音の長短対立が働く一方、広州方言の声調はほとんど「平調」であり、高降声調53①があっても「異声調」②であり、初級の広州方言母語話者学習者は有アクセント長母音におけるHLのピッチフォールを母語の高降声調に同化できないからであると考えている。初級の広州方言話者学習者は、日本語母音の音長が長短により区別されるという知識を得たら、それに似ている母語の母音長短対立に関する音韻的知識を容易に利用できるのであるから、「異声調」を利用しなくてもいいのである。

広州方言母語話者学習者は初級と上級とでは、異なる反応を見せた。それでは、上級の広州方言母語話者学習者が声調の影響を受けたのに対し、初級の広州方言母語話者学習者が声調の影響を

① 表5-1をご参照いただきたい。

② この異声調はある環境の中で現れるが、単独で用いられることがなく、意味の区別には用いられない。

受けなかったのはなぜか。

実際に、母語においては、知覚的キューの使用に発展的な側面がある。ある音韻的対立を示すキューの使用は成人と幼児と児童とでは異なることがある(Gerrits，2001；Nittrouer，1992、1996；Nittrouer，Manning，Meyer，1993；Nittrouer，Miller，1997)。第二言語音声研究においても、知覚的キューの使用に発展的な変異(developmental variation)があることが真であると証明されている(Escudero，Boersma，2004)。つまり、学習者は目標言語の経験が増すことでキューの使用を変えるということが見られる。Morrison(2002)は、スペイン語母語のカナダ英語学習者が英語の/i/-/ɪ/の対立に使用したキューが、カナダ在留1ヶ月後と6ヶ月後とでは変わり、1ヶ月後では、持続時間をあいまいに使用したが、6ヶ月後ではスペクトルを使用するようになった、ということを報告している。こうしたことを考えると、初級の広州方言母語話者学習者が声調の影響を受けなかったのに対し、上級の広州方言母語話者学習者が声調の影響を受けたということは不思議なことではない。問題は学習者のこのような知覚的行為をどう解釈すべきかという点である。

Piske(2008)は、第二言語音声習得の先行研究では第二言語音声習得の精確さにおける、習得年齢、第二言語インプットの質と量、第二言語音声の知覚と産出における訓練、第一言語背景の重要性に確実な証拠を提供しているとしているが、ここでは、第二言語音声の知覚と産出における訓練からその原因を考える。第二言語の訓練において、音声を最も重視する段階は初級の前半であると言える。それ以外の時期では、第二言語の文法、語彙、伝達の面と比べて、第二言語の分節音と超分節的側面における訓練は小さい役割を果たしている(García Lecumberri，2001；Piske，MacKay，Flege，2001)。したがって、初級の広州方言母語話者学習者はより高い音声意識(phonetic awareness)、言い換えれば音声の知覚と産出により高い注意度を持つ。その結果、母語における母音長短の内在的な音韻知識を知覚に利用すると考えられる。音声に注意をあまり払わない段階では、初級段階のこのような知覚能力が強化されなければ、声調の影響を受けることが可能である。Piske(2008)が示しているように、「ほとんどの外国語教室には、学習者は正確な第二言語発音を発達させることを困難にさせる言語学習環境におかれる。ゼロから外国語を学習する学習者は、彼らのクラスメートから、そして、多くの場合、十中八九は彼らの教師から正しくない発音を聞き、このため、第二言語学習者は第二言語を母語話者の基準から相当に離れた第二言語基準を発達させるという可能性は非常に高い」。以上の理由をまとめて見れば、上級の広州方言母語話者学習者は声調の影響を受けているという解釈は成り立つと言える。

H2では、長音節のピッチフォールを知覚するパターンは、広州方言話者学習者のほうが北方方言話者学習者より日本人母語話者に近く、必要なピッチレンジも狭いという仮説を立てている。初級の広州方言話者学習者が持続時間を利用するから分析しなくていい。上級の広州方言話者学習者、初級の北方方言話者学習者と上級の北方方言話者学習者の三者の平均反応時間について分散分析を行ったところ、有意差が見られなかった。したがって、長音節のピッチフォールを知覚するパターンについては、広州方言話者学習者のほうが北方方言話者学習者より日本人母語話者に近いとは必ずしも言えない。

H3では、中国人学習者は方言差を問わず、日本人より広い音域で日本語の長母音音節のピッチフォールを知覚するので、中国人学習者は日本語母語話者と比べて、持続時間よりピッチフォールのほうを長母音のキューとして利用するという仮説を立てているが、以上の実験結果と考察から見れば、この仮説は成り立つと言える。

5.5 おわりに

本章では、日本人被験者を対象に行った実験を通じて、

Nagano-Madsen(1990、1992)などの先行研究を裏付ける結果を出している。つまり、日本人は、持続時間のキューが不足する場合はピッチをキューに音長を知覚する。

しかし、中国人日本語学習者の場合は、事情が複雑になる。有アクセント母音の音長に関しては、上級日本語学習者は方言を問わず、ピッチをキューに母音の音長を知覚する。北方方言母語話者学習者もピッチをキューに母音の音長を知覚する。これに対して、初級広州方言話者学習者は持続時間をキューに母音の音長を知覚し、ピッチをほとんど利用しない。本論文では、初級広州方言話者学習者に関しては、母語に母音の長短対立があることが原因であると結論付けている。

一方、日本人は持続時間のキューが不足する場合はピッチをキューに音長を知覚するということは、日本語母語話者がモーラで長母音の音長を数えることと合わせて考えれば、日本語母語話者はピッチを、モーラを数えることに利用する、ということを意味する。

上級日本語学習者は方言を問わず、ピッチをキューに母音の音長を知覚する。これは51声調の影響によるものと考えられるが、中国人学習者がモーラを数える能力が潜在的に乏しいということも示唆される。そこで、第7章でさらにこの点について考察する。

有アクセント母音は持続時間とピッチフォールという二つのキューを持つ。初級の広州方言話者学習者は持続時間をキューに有アクセント母音の音長を知覚し、ピッチをほとんど利用しない。このことから、初級の広州方言話者学習者は有アクセント母音の音長をコントロールする一方、ピッチフォールをうまくコントロールできない可能性があるということが示唆されている。そこで、第6章では、第5章と関連するもの、北方方言母語話者学習者と広州方言母語話者学習者が産出した有アクセント語の長母音の実態を調査し、その要因について考察したい。

第6章　中国人学習者が産出した有アクセント長母音の音声音響学的研究

6.1　はじめに

音声言語の韻律組織には二つの次元がある。一つは時間組織であり、もう一つはその言語のアクセントシステムである。音声言語の韻律性格は相互排他的なものではなく、時間の次元(音声学的に持続時間として分析される)とアクセントの次元(音声学的にF0として分析される)が複雑な形で結合されたものである。これまでの研究(Kozasa 2005，大室、馬場、宮園、宇佐、頴川 1996など)から母語におけるその複雑さが分かる。

本論文のこれまでの章における中国人日本語学習者の母音音長の習得研究からもその複雑さが窺えるが、中国人日本語学習者がどのように有アクセント語を産出するのかはまだ明らかにされていない。そこで、本章ではこの点について解明したい。

日本語の無アクセント母音は一つのキュー(持続時間)しか持っていないのに対し、有アクセント母音は二つのキュー(持続時間とピッチ)を持っている。それゆえ、日本語の母音の音長研究ではピッチを考慮しなければならないのである(Kozasa，2005)。持続時間のキューとピッチのキューがどのように相互作用するのかはまだ精確には明らかにされていない。本章では、それに触れないで、ただ音声音響学的な面から中国人日本語学習者の発話を分析していきたい。

有アクセント長母音を含む単語は、長母音の位置によって、いろいろなタイプがあるが、本章ではすべてのタイプを研究対象とはしない。本章では、有アクセント長母音におけるピッチフォールはその長母音の位置に関係なく知覚されるという想定①に立って、一番目の音節が有アクセント長母音である3モーラ語(頭高型②)に限定して分析する。

日本語学習者の発話における有アクセント母音の音長に関する先行研究(たとえば、李炯宰(1998))では一般に無アクセント語を同じ方法③で取り扱う。母語話者を対象とするKozasa(2005)ではピッチフォールを測定する方法を採用した。本章では中国人学習者に最適と思われる方法④で研究を進める。

6.2　実験

6.2.1　被験者

A. 上級学習者グループ(advanced):日本語を28ヶ月以上専攻している大学生
　そのうち:北方方言母語話者大学生グループCN_N_A(10名)
　　　　　広州方言母語話者大学生グループCN_C_A(10名)

B. 初級学習者グループ(beginner):日本語を2ヶ月間専攻している大学生
　そのうち:北方方言母語話者大学生グループCN_N_B(10名)
　　　　　広州方言母語話者大学生グループCN_C_B(10名)

C. 日本語母語話者グループ:東京方言話者 JP(10名)

この実験に参加する被験者グループAとBは第5章の実験にも参加した。

6.2.2　データの収集

一番目の音節に長母音のある3モーラ語を選び、発話のための

---

① Kozasa(2005)は、母語において、有アクセント長母音におけるピッチフォールはその長母音の位置に関係なく知覚されるということを証明した。

② 「頭高型」の例:カード。

③ 第4章の産出実験をご参照いただきたい。

④ 6.2.3をご参照いただきたい。

文字材料として用いた。いずれも頭高型の有意味語である。発話に用いた文字材料は表6-1のとおりである。そのうち/aː/、/iː/、/eː/についてはKozasa(2005)を参考にして選んだ。

表6-1　目標母音、目標単語、そのキャリア文とフィラー文

目標母音	長母音を含む単語とそのキャリア文	フィラー文
aː	**カード**はたくさんあります。	私はナースが好きです。
iː	**ビール**はとても高い。	あの地図が欲しい。
uː	**ルージュ**は安いです。	彼は数理がきらいだ。
eː	**ベール**は薄いです。	かわいい生徒だね。
oː	**ろうば**は道を知る。	それが恋です。

表6-1の中の文を、フィラーの働きをする五つの文と一緒に、ランダムに配列し、被験者に発話してもらった。初級学習者の場合、あまり知らない単語があることを考慮し、前もって渡し、分からないことばについて、意味とアクセント型を自分で調べるよう指示した。また、ポーズが文のピッチパターンに影響を与えるということで(Pierrehumbert, Beckman, 1988)、ポーズを入れないで実験資料を読むように指示した。また、スピーチスタイルとしては、友達と話すようなくだけた形でもなく、丁寧すぎて不自然な形でもないスタイル、具体的に言うと、「マイクの前で話すようなフォーマルな会話」で読むように指示した。実験者は実験を始める前に、文字材料の単語のアクセント型を被験者に確認しておいた。アクセントが間違った場合、『NHK 発音辞典』の同じアクセント型の単語を見せ、正しいアクセント型が分かるようにした。発話する前、納得するまで練習してもらった。被験者がある実験資料を発話した後納得しなかった場合、次の文の発話に入る前にそれを繰り返してもらった。日本人被験者の場合、発話する前に、『中日交流標準日本語』の録音を聞かせ、発話速度をできるだけ録音の速度を超えないように依頼した。実験者は被験者が

アクセント型を間違えたと思う場合、それをマークし、発話後音声ソフトで発話されたアクセント型をチェックし、被験者と交流し、明らかに間違えたものなら、辞書に載せたアクセント型で発話するよう依頼した。

データの収集は、広州方言母語話者学習者の場合は、広東外貿大学の筆者の宿舎で、北方方言母語話者学習者と日本語母語話者の場合は、洛陽外国語学院の静かな教室で行った。

被験者が発話したそれぞれの音声資料を録音したものを、48kHzサンプリングレート、16bitの量子化水準で、高品質ディジタルレコーダーSONY製PCMD50で録音した。

6.2.3　分析の方法

発話資料の分析は、音声解析ソフトPraatを用い、すべての発話資料を広帯域スペクトログラムで表示しながら行った。

発話速度は特に長母音の絶対的持続時間に影響するということは既にいくつかの研究によって明らかにされているから、信頼できる分析方法を取るべきである。Hirata(2004)は、長母音対語全体の比率が発話速度に影響されないという結果を出している。そして、Kozasa(2005)により、有アクセント母音におけるピッチフォールは発話速度に影響されないということが示されており、有アクセント母音では、ピッチアクセントの主要な音響学的実現は基本周波数(F0)のピッチフォールである。Kozasa(2005)の発見は本章の研究に特に重要な意味を持っている。そこで、長母音の持続時間、長音節を含む単語の全体の持続時間と長母音音節におけるピッチフォールを測定した。母音の持続時間の測定基準に関しては、すべて第4章の実験2と同じである。しかし、ピッチフォールの測定基準はKozasa(2005)と異なる。Kozasa(2005)は目標母音のF0の最大値と目標母音の後ろの音節のF0の最小値を測定し、両者の差をピッチフォールにした(図6-1)。本論文では、本章の目的に応じて、目標母音のF0の最大値とF0の最小値を測定し、両者の差をピッチフォールにした(図6-2)。ただし、F0の最大値と最小値の測定法はKozasa(2005)と同一である。隣接した子音がF0値に影響するので、F0の最大値は目標母音の中央に最も近いF0の最高点とし、F0の最小値は音声波形を参照しながら確定した。

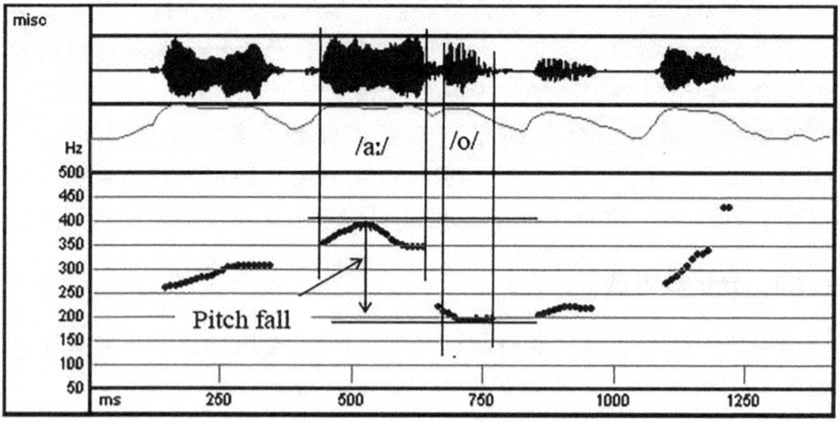

図6-1　Kozasa(2005)の測定方法

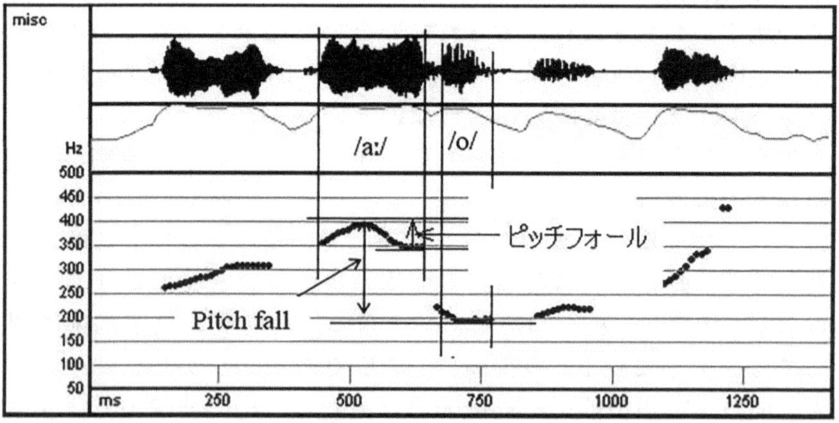

図6-2　Kozasa(2005)と本論文の測定方法の違い

音声資料を測定した結果、長母音の持続時間(msec)、単語全体の持続時間(msec)とピッチフォール(hz)の三つの値を得た。三つの値に基づいて、次のように計算を行った。

①%vR:長母音の持続時間が単語全体の持続時間に占める割合をパーセントで表すもの。

②%slope:長母音のピッチフォールを単語全体の持続時間で割って得た数値をパーセントで表すもの。

Kozasa(2005)はピッチフォールだけで日本語母語話者の発話を比較・分析しているが、このようなやり方は中国人日本語学習者に適切ではないのではないかと考えられる。第5章から、北方方言母語話者学習者と上級の広州方言母語話者学習者はピッチをキューに日本語の有アクセント母音の音長を知覚するということが明らかになった。そこから、これらの学習者は51声調をキューに有アクセント長母音を産出する可能性が考えられる。一方、中国語では、声調のピッチレンジは固定したものではなく、人によって変化しているものである①。したがって、中国人にとって絶対的なピッチフォール値は妥当ではないと考えられる。そこで案出したのが%slopeである。

%vRが高いほど、長母音が語全体に占める割合が高く、語尾短母音が語全体に占める割合が低くなることを意味する。%slope値が高いほど、ピッチの下降が激しい。同じ持続時間ならば、%slope値が低いほうがピッチ曲線が緩やかに見える。

上述した基準に基づいて、全部で250(50人×5語)の%vRと%slopeを算出した。こうして、%vRと%slopeに対して、被験者ごとにそれぞれ五つの値を、一つの母音ごとにそれぞれ一つの平均値を算出している。

6.2.4　結果と考察

各グループの母音ごとの%slopeを表6-2と図6-3に示す。

図6-3から、上級の北方方言母語話者グループと広州方言母語

---

① そのため、Chao(1947)では、今でも広く受け入れられている5レベルピッチ声調記述方式を提案したのである。

話者グループと初級の北方方言母語話者グループは日本語母語話者グループより高い％slope値を持っている。初級の広州方言母語話者大学生グループは日本語母語話者グループより低い％slope値を持っている。

表6-2　各グループの母音ごとの％slopeとSD

	JP	CN_C_B	CN_C_A	CN_N_B	CN_N_A
/aː/	43(.070)	32(.078)	55(.100)	54(.063)	55(.080)
/iː/	44(.048)	33(.102)	57(.068)	57(.083)	56(.114)
/uː/	44(.055)	32(.072)	55(.070)	54(.080)	53(.074)
/eː/	44(.053)	33(.084)	55(.077)	55(.085)	56(.092)
/oː/	43(.065)	32(.092)	54(.096)	55(.086)	54(.073)

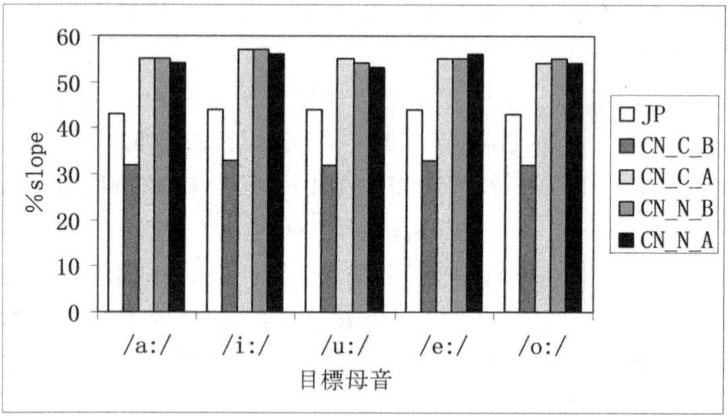

図6-3　各グループの母音ごとの％slope

/aː/について分散分析を行った結果、5グループ間に有意差が見られた($F(4, 45)=3.47$，$p<0.05$)。事後解析(テューキーの*HSD*検定)を行った結果、

(1)初級の北方方言母語話者大学生グループと上級の北方方言母語話者大学生グループの間に有意差は見られなかった。上級の

広州方言母語話者大学生グループと上級の北方方言母語話者大学生グループの間に有意差は見られなかった。上級の広州方言母語話者大学生グループと初級の北方方言母語話者大学生グループの間に有意差は見られなかった。

(2)上級の北方方言母語話者大学生グループと日本語母語話者グループの間に有意差は見られた。初級の北方方言母語話者大学生グループと日本語母語話者グループの間に有意差は見られた。上級の広州方言母語話者大学生グループと日本語母語話者グループの間に有意差は見られた。

(3)初級の広州方言母語話者大学生グループと日本語母語話者グループの間に有意差は見られた。

/iː//uː//eː//oː/については、分散分析を行った後、/aː/と同じ事後解析の結果を見せたので、以下F値だけを報告する。

/iː/：5グループ間に有意差が見られた（$F(4, 45)=3.27$，$p<0.05$）。

/uː/：5グループ間に有意差が見られた（$F(4, 45)=3.52$，$p<0.05$）。

/eː/：5グループ間に有意差が見られた（$F(4, 45)=3.17$，$p<0.05$）。

/oː/：5グループ間に有意差が見られた（$F(4, 45)=3.32$，$p<0.05$）。

初級の北方方言母語話者グループ、上級の北方方言母語話者学習者グループと上級の広州方言母語話者学習者グループは日本語母語話者グループより有意に高い％slope値を持っているということは、これらの学習者グループが産出した発話は日本語母語話者よりピッチの変化が激しい、ということを意味する。これは楊立明(1993)と国際交流基金(2005)の記述(「中国人学習者のピッチ変化が激しい」)に一致している。

それでは、初級と上級の北方方言母語話者グループは日本語母語話者グループより有意に高い％slope値を持っているということの原因として何が考えられるか。第5章では、上級の北方方言母語話者学習者と初級の北方方言母語話者学習者は方言を問わず、ピッチをキューに母音の音長を知覚する、ということを明らかにし、その原因については、日本語の長母音のアクセントにおけるHLのピッチフォールが音声的実現において標準中国語の51声調①に似ているので、上級の北方方言母語話者学習者と初級の北方方言母語話者学習者は長母音におけるHLのピッチフォールを中国語の51声調に同化したと考えている。ここでも、これらの学習者は有アクセント長母音を、モーラのピッチの相対変化をキューに産出したのではなく、中国語の51声調をキューに産出したのであると考えている。例を挙げると、日本語の「ろうば」の「ろう」にピッチフォールがあるので、学習者はそれを高降調である「lào」に同化し、この知覚の同化に基づき、日本語の「ろう」を産出したと思われる。「日本語のアクセントに関して、中国語を母語とする日本語学習者にとって重要な問題は、中国語母語話者の場合、日本語のアクセントの高低の幅が非常に大きいという問題である。これは、意味の区別のために、ある程度絶対的な高低の幅を必要とする中国語の四声の影響と思われる」という国際交流基金(2005)の記述はこの結論を裏付けているようである。

Flege(1995)の音声学習モデルによると、第二言語の音声カテゴリーは母語の音声カテゴリーに似ているならば、母語の音声カテゴリーに同化され、この知覚同化に基づいて産出も母語の音声カテゴリーによって行う。そのため、北方方言母語話者はモーラ間のピッチの相対的高低ではなく、母語の51声調をキューに有アクセント長母音を産出したのである。中国語の51声調のピッチレンジが日本語のHLのF0パターンより広い(朱春跃, 2001)ため、初級と上級の北方方言母語話者グループは日本語母語話者グループより有意に高い%slope値を持っているわけである。

上級の広州方言母語話者学習者は初級と上級の北方方言母語話

---

① 51声調の中国語の音節の例:那 nà、路 lù。

者と統計学的に同じ%slopeを持っているということの原因については、上級の広州方言母語話者学習者がピッチをキューに母音音長を同定することに関する第5章の考察とFlege(1995)の音声学習モデルから考えられる。上級の広州方言母語話者学習者は上級の北方方言母語話者学習者と初級の北方方言母語話者学習者と同じように、51声調をキューに日本語の母音音長を知覚するのであるから、51声調をキューに有アクセント母音の音長を産出したのも無理はないと考えている。

初級の広州方言母語話者学習者は日本母語話者より低い%slopeを持っている。このことは、初級の広州方言母語話者学習者が産出した長母音は日本語母語話者のようなピッチフォールを産出できないことを意味する。この原因については、広州方言の声調はほとんど「平調」であり、高降声調があっても「異声調」である。この異声調はある環境で現れるが、単独で使用されることはないので、初級の広州方言母語話者学習者は母語の高降声調にうまく同化できなく、馴染み深い平調に近いF0パターンを産出したのであると考えている。

次は各グループの母音ごとの%vRに注目しよう。各グループの母音ごとの%vRを図6-4に示す。

表6-3　各グループの母音ごとの%vRとSD

	JP	CN_C_B	CN_C_A	CN_N_B	CN_N_A
/aː/	62(.00365)	61(.01155)	69(.02380)	72(.01333)	71(.01528)
/iː/	59(.00394)	60(.01202)	67(.01909)	71(.01732)	70(.01738)
/uː/	60(.00632)	61(.01599)	68(.02300)	74(.01801)	71(.01770)
/eː/	61(.00422)	60(.01054)	68(.02103)	73(.01461)	72(.01826)
/oː/	62(.00394)	63(.01464)	70(.02236)	74(.01776)	73(.01358)

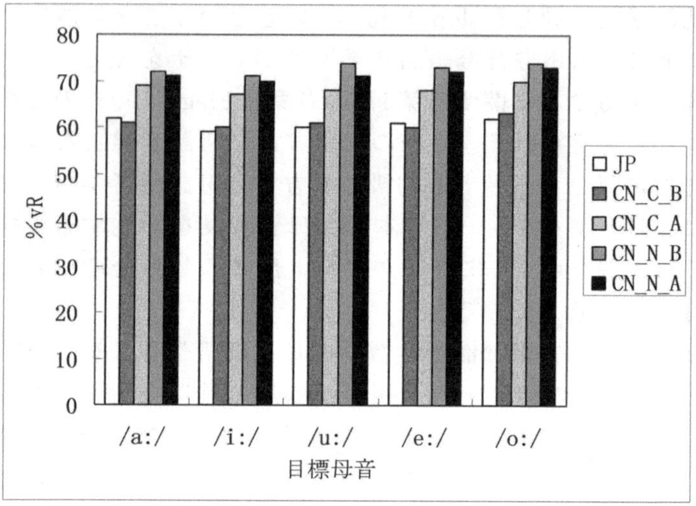

図6-4　各グループの母音ごとの%vR

/aː/について分散分析を行った結果、5グループ間に有意差が見られた($F(4, 45)=3.17$，$p<0.05$)。事後解析(テューキーの*HSD*検定)を行った結果、

(1)初級の北方方言母語話者大学生グループと上級の北方方言母語話者大学生グループの間に有意差は見られなかった。上級の広州方言母語話者大学生グループと上級の北方方言母語話者大学生グループの間に有意差は見られなかった。上級の広州方言母語話者大学生グループと初級の北方方言母語話者大学生グループの間に有意差は見られなかった。

(2)上級の北方方言母語話者大学生グループと日本語母語話者グループの間に有意差は見られた。初級の北方方言母語話者大学生グループと日本語母語話者グループの間に有意差は見られた。上級の広州方言母語話者大学生グループと日本語母語話者グループの間に有意差は見られた。

(3)初級の広州方言母語話者大学生グループと日本語母語話者グループの間に有意差は見られなかった。

/iː//uː//eː//oː/については、分散分析を行ったところ、/aː/と同じ事後解析の結果を見せたので、以下F値だけを報告する。

/iː/:5グループ間に有意差が見られた($F(4, 45)=3.54$, $p<0.05$)。

/uː/:5グループ間に有意差が見られた($F(4, 45)=3.42$, $p<0.05$)。

/eː/:5グループ間に有意差が見られた($F(4, 45)=3.01$, $p<0.05$)。

/oː/:5グループ間に有意差が見られた($F(4, 45)=2.95$, $p<0.05$)。

つまり、上級の北方方言母語話者学習者グループ、上級の広州方言母語話者学習者グループと初級の北方方言母語話者学習者グループは日本語母語話者グループより有意に高い%vR値を持っている。初級の広州方言母語話者大学生グループは日本語母語話者グループと同じ%vR値を持っている。

上級の北方方言母語話者学習者グループ、上級の広州方言母語話者学習者グループと初級の北方方言母語話者グループは日本語母語話者グループより有意に高い%vR値を持っているということは、ある指定の範囲の発話速度では、これらの学習者グループが産出した発話では長母音が日本語母語話者より長い、または、語尾モーラが日本語母語話者より短いということを意味する。

それでは、上級の北方方言母語話者学習者グループ、上級の広州方言母語話者学習者グループと初級の北方方言母語話者グループは日本語母語話者グループより有意に高い%vR値を持っている原因として何が考えられるか。これらの学習者が有アクセント長母音をモーラのピッチの相対変化をキューに産出したのではなく、中国語の51声調をキューに産出したのであると考えている。中国語では、51声調が四声の中で持続時間が最も短いので、学習者は51声調の持続時間をできるだけ長く伸ばすことによって長母音を産出したのであろう。そして、北方方言母語話者学習者の発話では、語尾モーラが日本語母語話者より短いということは、学習者が中国語の「軽声」[1]のようなものを利用して語尾モーラを産出したと思われる。例を挙げると、日本語の「ろうば」に関しては、学習者は「ば」を「軽声」「ba」に同化し、この知覚同化に基づき「ば」を産出したと思われる。ここで上級の広州方言母語話者学習者の%vR値が北方方言母語話者学習者より低いということに注目したい。これは広州方言に「軽声」のようなものがないので、北方方言母語話者のように「軽声」のストラテジーを取れないことに原因があると思われる。

次は初級の広州方言母語話者大学生グループに注目してみよう。このグループの学習者は日本語母語話者グループと同じ%vR値を持っている。その原因については、初級の広州方言母語話者大学生グループはその母語の母音の長短対立が働くので、持続時間のキューを産出に利用したからであると考えている。

6.3　おわりに

本章の考察により、上級の中国人学習者グループと初級の北方方言母語話者グループはある指定された範囲の発話速度では、これらの学習者グループが産出した発話は日本語母語話者よりピッチの変化が激しいということと、初級の広州方言母語話者学習者が産出した長母音は日本語母語話者のようなピッチフォールを産出できないということが、音声音響学的分析から明らかになった。有アクセント母音に対して、母方言により中国人学習者が異なる音長産出ストラテジーを用いることが示されている。

一方、初級の広州方言母語話者学習者が産出した長母音は日本語母語話者のようなピッチフォールを産出できないということから、初級の広州方言母語話者学習者は日本語の有アクセント語のピッチフォールをうまくコントロールできないことも意味している。

---

① 軽声の例：爸爸 bà*ba*。

第7章　中国人学習者の日本語母音におけるモーラ数の知覚

7.1　はじめに

日本語の音節構造は極めて単純であるが、モーラと音節という二重構造を有し、モーラは日本語母語話者の基本的知覚単位である。

日本語におけるモーラは、まず何よりも音韻的な「等時性」を持つ長さの単位である。日本語母語話者は、「おじいさん」を5モーラと知覚し、3モーラ目の/i/と2モーラ目の/ji/は同じ長さを持つと感じる。母語話者はモーラについてそれぞれの持続時間が等しいと感じる。モーラ感覚、つまりモーラを等時性のものであると知覚するのは実際の物理的持続時間ではなく、心理的、或いは、音韻的なものと考えられている。

日本語学習者にとって特殊モーラの習得が困難である理由として、学習者の母語と日本語における音韻構造の相違が挙げられる(戸田，2003)。言語には、その言語の母語話者がひとまとまりと捉えている単位が存在する。日本語母語話者は音声言語を音節で区切り、さらに細かくモーラで区切る。すなわち、日本語における聞こえのまとまりは音節とモーラという二つの単位からなる。一方、言語によりその音節構造が違うことがある。日本語にモーラと音節の二重構造があるのに対して、中国語の北方方言や広州方言における聞こえのまとまりは音節である。日本語では特殊モーラも自立モーラと同様、1モーラを形成するが、他の言語を母語とする話者には、それが1単位と感じられないことが多いとされている(戸田，2003)。従って、モーラ感覚は日本語の母音の長短の習得に欠かせないものであると言える。

先行研究(藤崎、杉藤，1977)では持続時間だけが長音のモーラ知覚に関与すると考えている。しかし、大室、馬場、宮園、宇佐、縣川(1996)では日本語の長母音において、アクセントとしてのピッチの変動は、モーラの間の境界をマークし、日本語母語話者のモーラ知覚に影響を与えることがある、という結論が出されている。この研究は、日本語母語話者のモーラ感覚を更なる物理的証拠を与えた。その出発点は、日本語東京方言のアクセントシステムでは、どの単語においても、1番目のモーラの音調が必ずその次のモーラの音調と違う、という点である。つまり、ある指定された単語では、1番目のモーラの音調がLならば、2番目のモーラの音調が必ずHであり、1番目のモーラの音調がHならば、2番目のモーラの音調が必ずLである。

モーラは日本語のリズムの単位であるから、モーラ感覚は日本語のリズムの習得に重要である。そこで、モーラを数える能力、つまりモーラ感覚は、中国人話者にあるのか、ということを調査することが本章の目的である。

本章では、次のような仮説を立てる。

H:中国語がモーラと音節の二重構造を持っていないので、中国語母語話者は方言と関係なくモーラを数える能力が乏しい。

7.2　実験

7.2.1　被験者

A. 上級学習者グループ(advanced):日本語を28ヶ月以上専攻している大学生
　そのうち:北方方言母語話者大学生グループCN_N_A(20名)
　　　　　広州方言母語話者大学生グループCN_C_A(20名)

B. 初級学習者グループ(beginner):日本語を2ヶ月間専攻している大学生
　そのうち:北方方言母語話者大学生グループCN_N_B(20名)

広州方言母語話者大学生グループCN_C_B(20名)

C. 日本語母語話者グループ:東京方言話者JP(20名)

7.2.2　音声資料

元データは無意味の発話「アタです」、「アターです」である。発話者は東京方言話者女性(30代)である。実験者は、「スピーチスタイルとしては友達と話すようなくだけた形でもなく、丁寧すぎて不自然な形でもないスタイル」、具体的に言うと、「マイクの前で話すようなフォーマルな会話」で、できるだけ自然な話すスピードで読むように依頼した。録音は広東外語外貿大学LLセンターの防音室で直接にハードディスクにwaveファイルの形で取り込んで行った。録音機材はアメリカ製のMarantz CDR-631、AT4040 AUDIO-TechNICAマイクである。取り込み時のサンプリングレートは48kHz、量子化は16bitである。アクセント型が正しく実現できるようにあらかじめPraatで練習してもらった。

発話者は元データのリストを10回ずつ読み上げた。そして、多数の録音資料に対し録音資料音響分析を行い、刺激音の母音長が平均的な長さ(205msec～235msec程度)となるものを選択し、Adobe社のSoundbooth v2.0で録音ファイルを編集した。刺激音の発話速度は平均5.4(mora/sec)であった。

まず、Praatを用いて、最初のモーラと2番目のモーラのピッチを変えずに、「アタです」に対して、最初の母音/a/の持続時間を3段階(1.0倍、0.6倍、0.3倍)に短縮した。同時に、2番目の母音/a/を5段階(1.2倍、1.4倍、1.6倍、1.8倍、2.0倍)に伸長した。次に、「アターです」に対して、最初の母音の持続時間を3段階(1.0倍、1.2倍、1.5倍)に伸長した。同時に、/t/の後の/aː/の持続時間を6段階(1.0倍、0.88倍、0.76倍、0.64倍、0.52倍、0.375倍)に短縮した。刺激音の合計数は33であり、これらの刺激音は10セットにランダムに配分し、音声ファイルに編集した。元音声資料(atadesuとataːdesu)を利用して音声を合成する手順を図7-1と図7-2に示す。□に入れたものは合成結果であり、実験に用いた刺激音である。

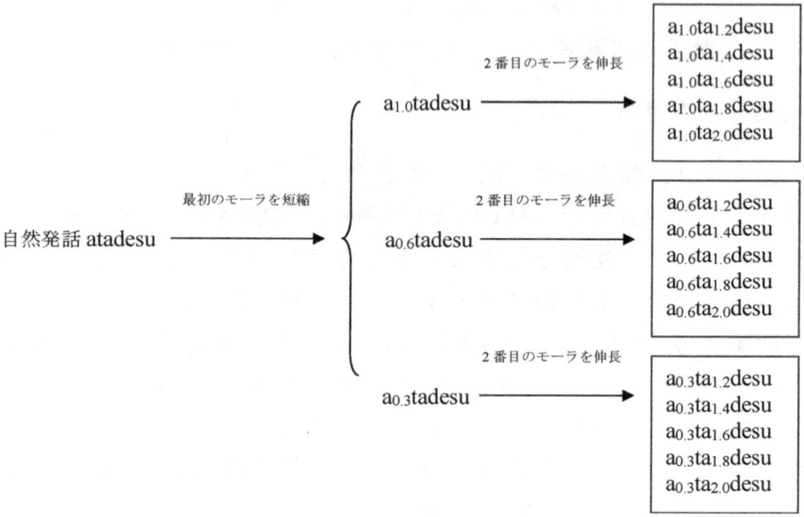

図7-1　元音声資料(atadesu)を利用した音声の合成の手順

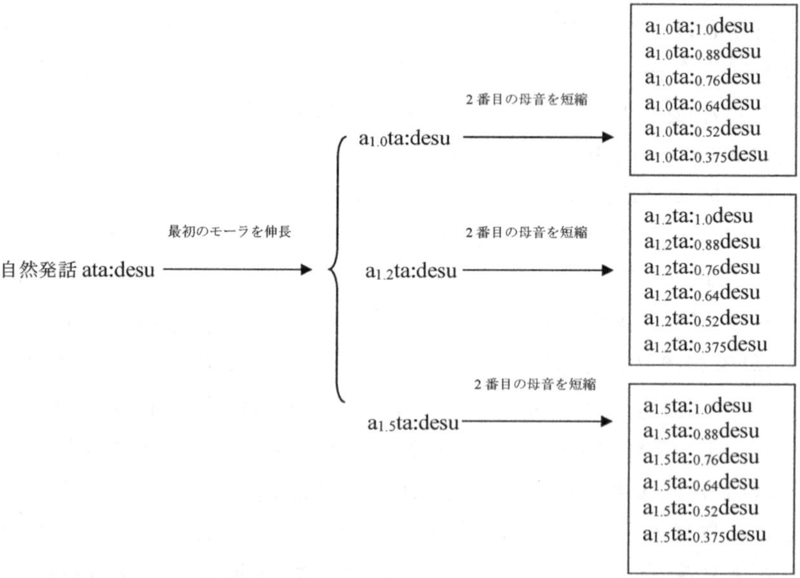

図7-2　元音声資料(ata:desu)を利用した音声の合成の手順

7.2.3　実験手続き

被験者に、LL教室でヘッドフォンを利用して刺激音を聞かせた。自分の知覚によって、「アタです」、「アータです」、「アターです」、および「アーターです」の四つの選択肢から知覚に最も近い一つをマークするよう指示した。

7.2.4　結果と考察

本章の目的に応じて、最初の母音が伸長された場合の被験者の反応だけを見てみよう。ここで、「アターです」の2番目の母音の持続時間が0.375倍に短縮された時、最初の母音が3段階(1.0倍、1.2倍、1.5倍)に伸長することによって作成された刺激音(実験の目標刺激音。つまりa$_{1.0}$ taː$_{0.375}$ desu，a$_{1.2}$ taː$_{0.375}$ desu，a$_{1.5}$ taː$_{0.375}$ desu)に注目してみよう。被験者が実験の目標刺激音を聞いて四つの選択肢から一つをマークした。実験の後、筆者は被験者が「アータです」をマークした回数の割合を算出した。その回数の割合を図7-3に示している。

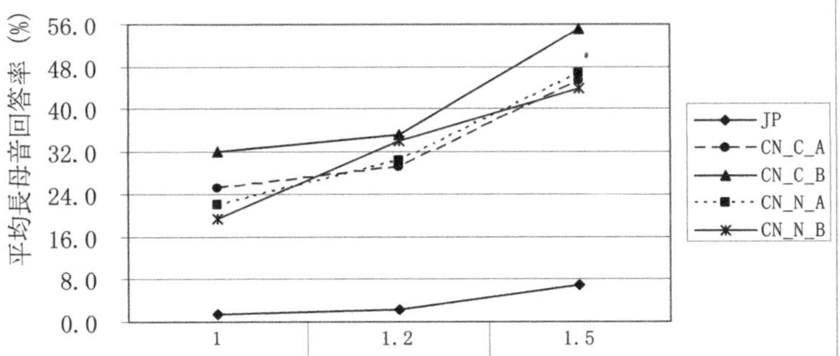

	1	1.2	1.5
JP	1.5	2.3	7.0
CN_C_A	25.1	29.2	45.4
CN_C_B	32.0	35.1	55.1
CN_N_A	22.0	30.3	46.7
CN_N_B	19.4	34.0	44.0

最初の母音の持続時間の段階（倍）

図7-3　母音の持続時間段階ごとの長母音回答率

分散分析は要因が三つ以上になると、計算や分析が複雑で結果を理解するのが困難になる。分散分析をより明瞭にするため、直交表による実験を計画しておいた。実験計画において、直交表$L_{27}(3^{13})$を利用し、そして、擬水準法を用いた(田口，1977)。母語、第二言語能力と持続時間の段階を要因とする3要因分散分析を行った結果、母語に主効果が有意に見られた($F(2，13)=6.07$，$p<0.05$)。持続時間の段階に主効果が有意に見られた($F(2，13)=5.83$，$p<0.05$)。ほかの要因の主効果は有意に見られなかった。また交互作用も見られなかった。

事後解析(テューキーの*HSD* 検定)を行った結果、上級の北方方言母語話者大学生グループ、上級の広州方言母語話者大学生グループ、初級の北方方言母語話者大学生グループと初級の広州方言母語話者大学生グループの間に有意差はなかった。日本語母語話者グループとそれ以外の四つのグループとの間に有意差は見られた。つまり、この実験の刺激音の母音の音長を同定するとき、中国人学習者は日本語母語話者と異なり、そして母方言にも第二言語能力にも関係なく、その判断が不正確である傾向が見られた。

最初の母音が1.5倍に伸長されたにもかかわらず、日本語母語話者は刺激音の最初の母音を[aː](2モーラ)として知覚することがほとんどなかった。標準日本語において、モーラが音調を担う単位である。単語の最初のモーラのピッチはその次のモーラのピッチと必ず異なる。すなわち、単語の最初のモーラとその後ろのモーラのピッチ配列はLHでなければならない。そして、日本語では一つの単語のうち、モーラの音調配列はLH 型になりうるが、LLH 型になることがない。したがって、日本語母語話者はピッチの相対変化をキューにモーラを同定する能力を持っている。刺激音の語頭モーラの母音にピッチ変化がない場合(Lを保つまま)、それが普通より1.5倍長くなっても、一つのモーラであると日本語母語話者に認識されているのである。

これに対して、北方方言母語話者と広州方言母語話者の場合、最初の母音が伸長されたとき、それを「アータです」として知覚した割合は50%に近い。最初の母音が長ければ長いほど、中国語母語話者は刺激を[aː](2モーラ)として知覚する割合が増えた。これは、中国人学習者が無アクセント母音に1モーラであるか2モーラであるかを判断するとき、持続時間だけをキューにしている、ということを意味する。言い換えれば、中国人学習者はモーラを習得していない。

モーラが日本語のリズムの単位であるので、中国人学習者がモーラを習得していないことの原因については、言語のリズムから解釈できる。リズムはすべての言語にあるもの、音声言語固有のものであり(Cutler, 1991)、リズムの知覚と産出は人間が幼年期に聞いていた言語のリズム属性を反映している(Ramus, Nespor, Mehler, 1999)。心理学者のこれまでの実験的研究からも分かるように、リズムは音声の基本的な知覚単位であり、母語話者による言語リズムの捉え方は、言語によって異なり、音声言語の知覚と産出は、言語のリズムによって異なっている(Cutler, Butterfield, 1992; Cutler, Norris, 1988; Cutler, Otake, 1994; Otake, Hatano, Cutler, Mehler, 1993; Kakehi, Kato, Kashino, 1996; Cutler, Mehler, Norris, Segui, 1986)。母語のリズム範疇は、外国語の音声の知覚に影響することが先行研究から明らかになっている。例えば、日本語聴取者は、英語またはフランス語に対して、モーラを単位として知覚している(Cutler, Otake, 1994; Otake, Hatano, Yoneyama, 1996; Otake, Yoneyama, Cutler, van der Lugt, 1996)。また、フランス語聴取者は、英語または日本語に対して、音節を単位として知覚している(Cutler, van der Lugt, 1996; Otake, Hatano, Cutler, Mehler, 1993)。中国語はフランス語と同じような音節言語である①。すなわち、音節は中国語のリズム単位である。このため、中国人学習者は音節を単位として日本語のピッチライズのある母音を知覚しているのである。

---

① 第8章をご参照いただきたい。

7.3 おわりに

日本語母語話者は、場合によって、母音の持続時間ではなく、モーラの負う音調(モーラ間のピッチ変化)によって母音の長短対立を知覚することがある、ということを確認した。この結果は先行研究(大室、馬場、宮園、宇佐、顯川，1996)と一致している。

中国人学習者はその日本語能力や方言差に関係なく、日本語母語話者と異なる傾向が見られた。第5章の結論とあわせて、モーラは中国人学習者にとって、知覚困難なものと考えられる。母音のモーラ数を正確に知覚するために、長母音内にピッチ変化をとらえる能力を習得しなければならない。

日本語リズムの単位であるモーラは中国人学習者にとって知覚困難なものであることが明らかになったが、その産出はどんな様子かまだ解明されていない。そこで、第8章では中国人学習者による日本語発話のリズム(リズムの産出)について研究する。

第8章　中国人学習者による日本語発話のリズムの研究

8.1　はじめに

中国語（北方方言）を含む12ヵ国語のそれぞれを母語とする日本語学習者の発音に関する日本語教師の評価の結果では、長音の長さに問題があるという、モーラの持続時間の規則性に関する項目が発音の面における問題点の1位であるという報告（助川，1993）から、日本語母音の音長は発話リズムに大いに関係する（Ueyama，2000；小熊，2008）ということが分かる。日本語の短母音は1モーラを、長母音は2モーラを持っているという点から、モーラの習得は母音の音長の正しいコントロールにつながる。モーラが日本語のリズムの単位であるので、リズムの習得はモーラの習得を意味する。したがって、モーラの習得（リズムの習得）は母音音長の習得に欠くことができない。そこで、本章では中国人学習者による日本語発話のリズムについて研究する。

どちらか一方の言語知識を欠くにしても、人間はスペイン語とドイツ語の音声を容易に区別できるが、イタリア語とスペイン語を区別するのは難しい。特定のペアの言語の音声をはっきりと聞き分けることができる要因の一つは、それらが異なるリズムを持つという点である。リズムは文法①の異なる方面の獲得を促進する重要なキューであり、幼児が言語の諸方面のうち、一番早期に

---

① 伝統的な文法は特に統語論と形態論を指すが、言語学では音声・言語音を扱う音声学・音韻論、語の形態を扱う形態論、文の組み立てと構造を扱う統語論，語や文の意味を扱う意味論、用法を扱う語用論など階層ごとに論じられる。

獲得するものの一つだと指摘されており(Nazzi Bertoncini, Mehler, 1998; Nazzi, Ramus, 2003)、第二言語のリズムの習得は多くの非母語話者にとって問題となり、外国人訛りと知覚される大きな要因の一つになっている(Barry, 2007; 鶴谷, 2008)。第二言語におけるリズムは重要なものであるが、しかしながら、第二言語習得の諸方面においてあまり研究されていないもののうちの一つである。

8.1.1 音声言語のリズムとリズム分類

音声言語では、音の強弱、高低、長短などの一定のパターンが繰り返し現れ、個々のパターンの時間がほぼ等しいとき、リズムが感知される。音声言語においては、これらの要素は言語によって異なる。日本語ではモーラであり、他の言語では音節またはストレスの音節であるとされている。

音声研究者は伝統的に言語を音節リズム、ストレスリズム、モーラリズムという異なるグループに分けている。もともとの提起では、音声信号においては、音節は音節言語、ストレス間の間隔はストレス言語、モーラはモーラ言語というように、準等時性の時間単位があると考えられていた(Pike, 1945)。しかしながら、伝統的なリズム分類は知覚判断に基づいたものであるから、既存の量的尺度によるものではない(Ramus, Nespor, Mehler, 1999)。すなわち、このリズム分類仮説を裏付ける以上のような等時性の時間単位は音響学的な証拠は見つからなかった①。代わりに、ストレス言語と音節言語において、音節またはストレス間の間隔の持続時間の変動特性(variation)が類似しているということが証明されている(Dauer, 1983; Manrique, Signorini, 1983; Port, Dalby, O'Dell, 1987)。Dauer(1983)はストレス言語と音節言語を研究し、この2種類の言語は、異なる等時性単位を持つのではな

① 生成音韻も言語リズムの形式的表示(formal representation)がどのように音声学的に説明されるかについて明らかな解釈を提供できない(Tajima, 1998)。

く、音節構造、母音弱化とストレスなど重要な面では異なると考えている。音節言語に比べて、ストレス言語は音節の持続時間と構造の面ではより多くの変動、より多くの弱化された無ストレス音節を持つだけでなく、ストレスの音声実現においてもより多くの変異と、より多くのストレス関係ルールを持つ。これらの特徴はストレス言語を特徴づけ、全部音節言語にはないものである。

音声学または形態論のキューではなく、リズム属性に基づいて、言語が弁別されることを確定するための実験も行われた(Ramus et al，2000)。これらの研究の主要な成果は、二つの言語が異なるリズム部類に属すれば、乳児も大人も弁別できるが、同じリズム部類ならば弁別できない、ということである。興味深いことに、多数の実験の結果では、言語は言語学者が提案した部類(ストレス言語・音節言語・モーラ言語)に集まるようである。

いずれにせよ、リズム測定法が出る前の研究では、信頼できる音響学的証拠を提供できなかった、という問題がある。

Dauer(1983)などの観察と研究に基づいて、最近の10年ぐらい、若干の研究では、聴覚的印象に合うリズム分類を反映するリズム音響学的測定法(rhythm metrics)が出されている(たとえば、Dellwo，Wagner，2003；Grabe，Low，2002；Ramus，Nespor，Mehler，1999；White，Mattys，2007a、2007b)。これらの測定法のいくつかは、複数の言語がリズム上異なるか、類似するかということに対する幼児や成人の知覚を的確に予測している。しかしながら、第一言語が第二言語のリズムに与える影響については、まだ未解明な部分が多い。

8.1.2　リズムの音響学的測定法

異なる言語のリズムを比較するための音響学的測定法が若干出されているが、これらの測定法では、まず発話が母音性の間隔と子音性の間隔に分割され、分割された間隔が連続した同じタイプの母音または子音と定義され、言語構造が考慮されていない(たとえば、音節、形態素、語境界などは無視される)。これらの音響学的測定法は主に間隔測定法(IM：Ramus，Nespor，Mehler，1999)、対変動指数法(PVI：Low，Grabe，Nolan，2000；Grabe，Low，2002)と速度正規化リズム測定法(VarcoV：Dellwo，Wagner，2003)である。

間隔測定法と対変動指数法は、音節の複雑性、母音弱化とストレスに基づいた長音化(lengthening)を利用してリズムの測定法を提供するのである。この二つの方法は音声のストリングを母音性の間隔と子音性の間隔に分節することに基づき、これらの間隔における変動を測定する音響学的測定法である。Ramus，Nespor，Mehler(1999)もGrabe，Low(2002)も語頭子音群と先行単語の語末子音群を同じ間隔に入れ、また隣接する異なる音節の母音を同じ間隔に入れるなどの手法を取ったが、音韻的要素は参照していない。したがって、母音性の音間隔とは、音節内にとどまらず、音節外にまたがることも可能である。たとえば、英語の「next Tuesday on」は音声学記号で記されれば、/nεkstjuzdeiɔn/となるが、/n//ε//kstj//u//zd//eiɔ//n/のように音間隔に分けられ、そのうち、/ε/ /u/ /eiɔ/は母音性の音間隔であり、/n//kstj//zd//n/は子音性の音間隔であるとされている。リズム分類の聴覚印象を反映できるこれらの測定法は伝統的にストレスリズム、音節リズム、モーラリズムというリズム分類に入る言語を区別することに比較的成功している。

Ramus，Nespor，Mehler(1999)の間隔測定法(IM)では、発話文を音響学的に測定したうえ、次のような三つの変数を導き出す。

%①V：発話文の持続時間に母音性の音間隔の持続時間が占めるパーセント。つまり、発話文における母音性の音間隔の持続時間をその発話文全体の持続時間で割ることで得た百分率。

Δ②V：発話文における母音性の音間隔の持続時間の標準偏差

① パーセントと読む。
② デルタと読む。

ΔC:発話文における子音性の音間隔の持続時間の標準偏差

Ramus, Nespor, Mehle(1999)ではリズムの間隔測定法を応用し、英語、オランダ語、ポーランド語をストレス言語に、フランス語、スペイン語、イタリア語、カタロニア語を音節言語に、日本語をモーラ言語に分類している。

一方、Ramus, Nespor, Mehler(1999)と並列アプローチをしているLow, Grabe, Nolan(2000)では対変動性指数(Pairwise Variability Index; PVI)が出されている。これは母音性と子音性の持続時間の対変動性指数であり、のちのGrabe, Low(2002)にはさらに二つの公式が出されている。

正規化された対変動性指数(nPVI)は、連続的間隔間の差異を同じ間隔の和で割ることによって得られる平均値をパーセントで表すものである。

$$nPVI = 100 \times \left(\sum_{k-1}^{m-1} \left| (d_k - d_{k+1})/((d_k + d_{k+1})/2) \right| \right) / (m-1) \tag{1}$$

(1)においては、mは間隔の数で、dは第 k 個の間隔の持続時間である。

Grabe, Low(2002)は、発話速度正規化が子音性に不適当な場合を考慮して、処理を加えていない子音性 rPVIを提起した。

$$rPVI = \left(\sum_{k-1}^{m-1} \left| d_k - d_{k+1} \right| \right) / (m-1) \tag{2}$$

Ramus, Nespor, MehlerとGrabe, Lowの研究の重要な相違は、諸言語比較の研究における発話速度の扱い方である。Ramus, Nespor, Mehler(1999)は似た持続時間と音節数の発話を選ぶことによって発話速度をコントロールしようとしていた。これに対し、Grabe, Low(2000)は母音性の音間隔の変動を正規化した(nPVI)。発話速度が音声言語のリズムの知覚に重要な役割を果たすと考えられ、間隔測定法に発話速度を正規化することが必要であることは、Ramus, Nespor, Mehler(1999)以降の研究により裏付けられた。ΔCとΔVは分節音の持続時間と相互に作用するということは既に繰り返して証明されたので、Dellwo(2006)では速度正規化された測定法 Varco[①]C(子音性の音間隔の持続時間の標準偏差を子音性の音間隔の持続時間の平均で割ることによって得た数値)とVarcoVを開発している。

- VarcoC:(ΔC/子音性持続時間の平均)×100
- VarcoV:(ΔV/母音性持続時間の平均)×100

以上、最近の約10年間に出されたリズムの音響学的測定法を概観した。White, Mattys(2007a)などでは、PVIが異なる速度の発話を測定する際、潜在的な問題があると指摘されている。White, Mattys(2007a)の研究は、%VとVarcoVが異なる発話速度に最もロバストな方法[②]であり、言語間、または言語内の比較に最も区別的なリズム測定法であるとしている。

8.1.3 第二言語音声のリズムの研究

聴覚的印象に基づいた第二言語学習者による発話リズムの研究は第二言語音声研究のほかの分野ほど数は多くないが、歴史が長いといえる。しかし、リズム測定法による研究はつい最近のことで、それも少数である。そんな数少ない研究では第一言語が第二言語のリズム産出に与える影響を各種の音響学的な測定法とその他の方法を用いて評価している。Low, Grabe, Nolan(2000)では第一言語の中国語が第二言語のシンガポール英語に与える影響を調査した。Gut(2003)では第一言語の中国語、英語、フランス語、イタリア語とルーマニア語が第二言語のドイツ語に与える影響を評価した。Carter(2005)ではメキシコスペイン語が第二言語のアメリカ英語に対する影響を調査した。Lin, Wang(2005)では第一言語の中国語が第二言語のカナダ英語に与える影響を研究し

① バルコと読む。

② 統計的推測に際し、設定した確率モデルからデータがある程度ずれても妥当性・有効性が失われないような方法は「ロバストな」方法と言う。

た。White，Mattys(2007a)では標準スペイン語とイギリス英語およびオランダ語とイギリス英語における第一言語と第二言語の相互作用を分析した。大体、これらの研究では第二言語話者のリズム得点は第一言語母語話者と第二言語母語話者のリズム得点の中間にあることが示されている。

日本語は幾つかの点で以上述べたすべての言語と異なる。第一に、日本語はピッチアクセント言語であるが、有アクセント母音は一般に伸ばされない。またストレスと母音弱化がない。第二に、量的言語として、日本語は音の持続時間によって母音だけでなく子音も区別する。つまり、日本語では短母音と長母音の音素、短子音と重複子音①の音素が対立をなす。加えて、日本語の音節構造は極めて単純なものであり、子音結合群が頭子音に現れず、尾子音に重複子音の後ろの部分と、鼻音化母音になることの多い撥音しか出ない。しかしながら、第二言語としてのそのような日本語のリズムに関する研究はわずかしか行われていない。

White，Mattys(2007a)は第二言語のリズムをリズム測定法によって分析し、リズム測定法のパラメータの中で、VarcoVと%Vがリズムの異なる言語の発話をもっとも区別できるとしているが、この研究では、音節リズム言語とストレスリズム言語を取り扱っており、モーラリズムの日本語を除外している。

聴覚上、広州方言は典型的な音節言語であるが、今までのところMok(2008)を除いて、リズムの音響学的測定方法を用いてそのリズムを研究したものはない。外国人学習者による日本語学習者の発話リズムを研究したもの(小熊，2008；鶴谷，2008)はあるが、いずれもリズム測定法による研究ではない。中国語の北方方言と広州方言をそれぞれ母語とする学習者による日本語学習者の発話リズムを、リズムの音響学的測定方法を用いて研究したものはない。そこで、本章では、リズムの音響学的測定方法を用いて、広州方言と北方方言、および広州方言話者日本語学習者と北

① つまり日本語の促音である。

方方言話者学習者による日本語発話のリズムを調査する。

8.1.4 標準中国語と広州方言のリズム型

広州方言は語彙強勢と音韻的母音弱化を伴わない単純な音節構造を持つが、すべての音節は声調を持ち、感情を込めない中性の文には、すべての音節はおおよそ同じ強調(emphasis)を受ける(Bauer, Benedict, 1997)。標準中国語の発話リズムは広州方言ほど明瞭ではない。標準中国語は声調と単純な音節構造を持つという点で広州方言に似ている。しかし、標準中国語には非強勢音節(いわゆる軽声)が高い頻度で起こる。このような声調のない音節の持続時間は著しく弱化され、そのなかの母音の音色もあいまい母音のように弱化される(Chao, 1968)。

Grabe, Low(2002)は彼らが研究しているすべての言語では標準中国語は最低の母音性 PVI 値を示すことを発見している。こうしてみると、標準中国語は典型的な音節言語である。しかし、彼らがシンガポールの中国語を考察したとき、シンガポール人による中国語は中国南部の方言の大きい影響で、非強勢の音節が標準中国語ほど著しくないということを明らかにした。この二種類の訛りの中国語のリズムに微妙な違いがある可能性があると考えられる。Benton, Dockendorf, Jin, Liu, Edmondson(2007)は、標準中国語とアメリカ英語それぞれの言語を母語とする50名の被験者の発話をリズム測定法で比べた。彼らは標準中国語とアメリカ英語のリズム値に有意差があると発見しているが、この二つの言語の個々の話者に相当な相違があることも明らかである。Benton, Dockendorf, Jin, Liu, Edmondson(2007)も標準中国語は音節言語なのか明白に述べていない。加えて、言語間のリズムの相違がカテゴリ的でなく連続的であるということを考えれば(Dauer, 1983)、同じリズム分類に属する言語に顕著な変動がある可能性がある。したがって、標準中国語の発話リズムを調査するために、さらに多くの言語との比較が必要になる。

アメリカ英語とイギリス英語は典型的なストレス言語である

が、他の地域の英語は異なるリズム分類に入る可能性がある。例えば、シンガポール英語と台湾人の英語は音節言語である(Jian，2004；Low，Grabe，Nolan，2000)。音節の持続時間を測定することによって、Setter(2006)は、香港の広州方言母語話者による英語はイギリス英語母語話者より変化がずっと少ないということを発見し、これは広州方言母語話者による英語が音節リズムの印象を与える一因としている。しかしながら、Setter(2006)は調査にRamus，Nespor，Mehler(1999)とGrabe，Low(2002)によって開発されたリズム測定方法を用いていない。

日本語と中国語は、音長、音節構造、語アクセントなどの面である程度の変異性を見せる。そこで、本章では、第一言語(中国語)の音韻が第二言語(日本語)の産出に与える可能な影響を調査する。

8.2　実験

8.2.1　被験者

被験者は5人の広州方言母語話者と5人の北方方言母語話者(それぞれ男性2人、女性3人)で、大学で日本語を専攻している3年生(高校で日本語を学習したことがない者)。被験者はいずれも話すことと聞くことに障害がない。

本研究では、『北風と太陽』コーパスを利用した。言語とその話者は次の通りである。

イギリス英語:5名(上級)

フランス語:5名(上級)

日本語:5名

イギリス英語とフランス語を選んだのは、この二つは最もよく調査されている言語であり、それぞれストレスリズム言語と音節リズム言語の代表的な例であるからである。

8.2.2 発話資料と手続き

イギリス英語、フランス語と日本語の母語話者発話は『北風と太陽』音声コーパスの資料を用いた。イギリス英語、フランス語を母語とする上級日本語学習者の日本語発話も音声コーパスの資料を用いた。広州方言母語話者と北方方言母語話者の場合は、『北風と太陽』の中国語版(北方方言と広州方言の《北风与太阳》)を、それぞれの母語で読んでもらった。そして、広州方言母語話者学習者と北方方言母語話者学習者に日本語版の『北風と太陽』を読んでもらった。録音は、北方方言話者の場合は洛陽外国語学院で、広州方言話者の場合は広東外語外貿大学で行った。どちらも静かな教室で行われた。実験者は「スピーチスタイルとしては友達と話すようなくだけた形でもなく、丁寧すぎて不自然な形でもないスタイル、具体的に言うと、『マイクの前で話すようなフォーマルな会話』で、できるだけ自然な話すスピードで読む」ように中国語で指示した。実際に録音する前、納得するまで練習することを認めた。被験者の発話は、48kHzサンプリングレート、16bitの量子化水準で、高品質ディジタルレコーダーSONY製PCMD50で録音した。

8.2.3 ラベリング

ラベリングは、すべての英語話者、広州方言話者と北方方言話者の音声ファイルは音節の・子音性の・母音性の間隔を手作業でPraatで行った。音節間隔は音響学的キューを参照し、注意深く聞きながら音声を分節し、ラベリングした。音声分節の基準はRamus, Nespor, Mehler(1999)とGrabe, Low(2002)に従った。フランス語は洛陽外国語学院でフランス語教師の協力でラベリングした。広州方言は標準中国語もできる広州方言研究者の協力でラベリングした。

8.2.4　リズム測定法による計算

音節の間隔の持続時間、子音性の間隔の持続時間·母音性の間隔の持続時間(msec)はPraatのスクリプトを用いて抽出した。次のリズム測定値は各々の話者による文ごとに計算し、そして話者ごとに平均した。

- %V：一つの文における母音性の持続時間の比率
- VarcoV：(ΔV/母音性持続時間の平均)×100

8.3　結果と考察

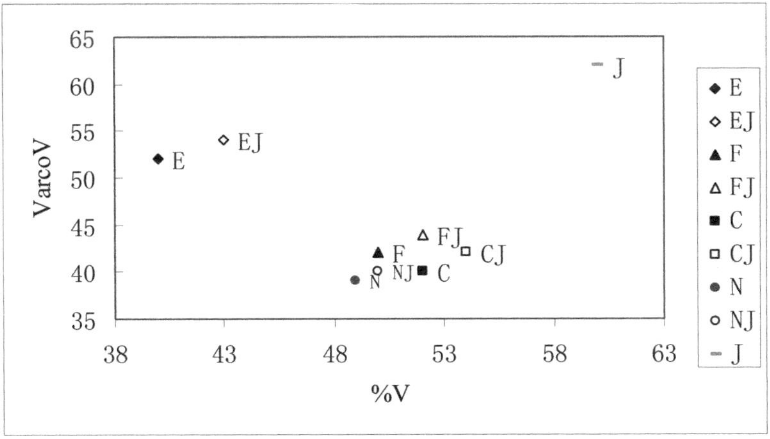

図8-1　本研究における全ての言語のVarcoVと%V

J＝日本語話者の日本語

C＝広州方言話者の中国語(広州方言)

CJ＝広州方言話者の日本語

N＝北方方言話者の中国語(北方方言)

NJ＝北方方言話者の日本語

F＝フランス語話者のフランス語

FJ＝フランス語話者の日本語

E＝英語話者の英語

EJ＝英語話者の日本語

図8-1から、VarcoVと%Vは本研究における全ての言語(それぞれの母語話者による第二言語の日本語も含む)は明確に三つのグループに分かれたということが分かる。英語と英語母語話者の日本語は一つのグループをなす。フランス語、標準中国語、広州方言、フランス語母語話者の日本語、北方方言母語話者の日本語、広州方言母語話者の日本語は一つのグループをなす。日本語は独自のグループをなす。

九つの言語を分散分析で比較したところ、9グループ間に有意差は見られた($F(8, 36)=2.85, p<0.05$)。事後解析(テューキーの*HSD* 検定)では、

(1)英語とフランス語、英語と日本語、日本語母語話者の日本語とフランス語に有意差は見られた。日本語の%V 値はフランス語の%Vより有意に高く、フランス語の%V 値は英語の%Vより有意に高い。この三つの言語は異なるリズム型に属することが明らかになった。

(2)北方方言とフランス語に有意差は見られなかった。広州方言とフランス語に有意差は見られなかった。

(3)英語と英語母語話者の日本語に有意差は見られなかった。フランス語とフランス語母語話者の日本語に有意差は見られなかった。北方方言母語話者の日本語と北方方言に有意差は見られなかった。広州方言母語話者の日本語と広州方言に有意差は見られなかった。

(4)北方方言母語話者の日本語と日本語母語話者の日本語に有意差は見られた。広州方言母語話者の日本語と日本語母語話者の日本語に有意差は見られた。つまり、標準中国語と広州方言はフランス語と同じタイプのリズム(音節リズム)に属し、日本語母語話者の日本語は独自のタイプ(モーラリズム)を有している。一方、中国人日本語学習者が産出した日本語は日本語母語話者の日本語のリズム型(モーラリズム)と異なり、中国語のリズムと同じようなタイプの音節リズムを産出したのである。

Mok(2008)は、リズムの音響的測定法(%VとnPVI)によって広州方言のリズムを研究し、広州方言は音節言語に入るとしている。本研究ではリズム測定法(VarcoVと%V)によって、Mok(2008)の結果を裏付けることになり、広州方言と標準中国語が音節リズムの言語であることを確認した。研究の結果では広州方言は標準中国語、フランス語と比べて、より高い%V値を持っている。これは恐らく広州方言に語彙的強勢がないためだろうと推定できる。同じような状況はシンガポール人の中国語にも見出された。シンガポール人の中国語は標準中国語と比べて、非強勢音節が遥かに少ない。Grabe，Low(2002)のデータでは、シンガポール人の中国語は典型的な音節リズム言語であることが示されている。

本章で注目していることは第二言語学習者の日本語発話のリズム型である。図8-1から英語、フランス語、広州方言、北方方言それぞれを母語とする上級の学習者の日本語発話はそれぞれの母語のリズム型に近く、第二言語の日本語から遠いということが分かる。つまり、日本語リズムの習得は母語と関係なく困難である。したがって、日本語リズムの習得において、言語普遍的な特徴が見られると言える。

中国人学習者の日本語発話に限ってみると、中国人学習者の日本語リズム得点は中国語母語話者のリズム得点に近く、日本語母語話者のリズム得点からは遠いということは、中国人学習者による日本語発話は日本語のモーラリズムではなく、母語の中国語の音節リズムに近いということになる。そこで、上級の段階の学習者は、なぜまだ日本語のモーラリズムを習得していないのかという問題について考えなければならない。

リズムはすべての言語にあり、音声言語固有のものであり(Cutler，1991)、リズムの知覚と産出は人間が幼年期に聞いていた言語のリズム属性を反映している(Ramus，Nespor，Mehler，1999)。心理学者のこれまでの実験的研究からも分かるように、リズムは音声の基本的な知覚単位であり、母語話者による言語リズムの捉え方は、言語によって異なり、音声言語の知覚と産出は、言語のリズムによって異なっている(Cutler，Butterfield，1992；Cutler，Norris，1988；Cutler，Otake，1994；Otake，Hatano，Cutler，Mehler，1993；Kakehi，Kazumi，Makio，1996；Cutler，Mehler，Norris，Segui，1986)。母語のリズム範疇は、外国語の音声の知覚に影響することが先行研究でも明らかになっている(Cutler，Otake，1994；Otake，Hatano；Yoneyama，1996；Otake，Yoneyama，Cutler，van der Lugt，1996；Cutler，van der Lugt，1996；Otake，Hatano，Cutler，Mehler，1993)。音節が中国語のリズム単位であるため、中国人学習者がモーラを数える能力が潜在的に乏しく、音節を単位として日本語のモーラを知覚しているということが、第5章と第7章から明らかになった。知覚は産出に必要不可欠な条件とされている(Trubetzkoy，1969；Neufeld，1988；Cortés Pomacóndor，1999)ので、中国語話者は音節を単位として、第二言語の日本語のリズムを産出したのであると言える。したがって、中国人学習者による日本語発話が母語の中国語の音節リズムに近いということは母語のリズムの転移であると考えられる。

Kohler(2009b)では、リズムは発話の特定部分に限られたものではなく、発話全体にかかわるものであるとしている。したがって、発話では特定の部分を正確に発音しても、発話全体のリズムをコントロールできるとは言えない。第4章と第5章から中国人学習者にとって日本語のリズム単位(モーラ)が習得困難であることが明らかになった。したがって、中国人学習者[①]は日本語発話全

① 本論文では初級学習者を研究対象としていない。理由は、初級学習者は非常に簡単な、そして短い文しか産出できないからである。しかし、リズムが発話の特定部分に限られたものではなく、発話全体にかかわるものであるので、初級学習者はリズム単位であるモーラを数える能力がないため、日本語のモーラリズムを産出できるとは考えられず、音節リズムに近いリズム型を産出する可能性が非常に高いと推測される。

体のモーラリズムをコントロールするのは困難であろう。さらに、リズムにピッチが参与することが可能であるというKohler(2009b)の指摘と、ピッチアクセントは日本語という言語のリズムから切り離されることが不可能であるというOfuka(1997)の指摘、また上級の中国人学習者の発話がより高い%slope値を持っているという第6章の結果を合わせて考えると、中国人学習者の日本語発話が母語の音節リズムに近いということも無理はないようである。

8.4　おわりに

本章では中国人学習者による日本語発話のリズムを考察してきたが、中国人学習者の日本語発話は母方言を問わず、母語の音節リズムに近いことが分かり、日本語のリズム習得の言語普遍的な特徴が明らかになった。中国人学習者にとって日本語のモーラリズムの単位は重要であるが、習得困難であることを確認した。

第9章　中国人学習者の母音音長同定における音声コンテクストの効果

9.1　はじめに

日本語では、母音と子音の持続時間は音韻論的意味を持っている。指定の発話速度では、長母音の持続時間は短母音より2.4～3.2倍長い（Han，1962；Tsukada，1999；Ueyama，2000）。単語を刺激として行われた実験では、日本語母語聴取者が母音の長短を同定するのに主要な音響キューは母音の持続時間と考えられている（Fujisaki，Nakamura，Imoto，1975）[①]。定義に照らして、長母音は持続時間において短母音より長いというのは当然のようであるが、しかし、母音の持続時間は多数のコンテクスト要因に影響される。そのコンテクスト要因としては、発話速度、単語内の位置と単語の持つアクセントとなどが挙げられる。音声言語では、語音の絶対的な持続時間は発話の全体的な速度に大いに依存している（Crystal，2008）ので、発話速度は多数のコンテクスト要因の中で特に重要である。実際には、異なる発話速度で産出した日本語の短母音と長母音は相当重なり合うことがあり、発話速度が速い音声言語における長母音は、速度が遅い発話における短母音より短くなることがある（Hirata，2004；Hirata，Whiton，2005）。したがって、母音の音長の知覚判断は単に母音の絶対的持続時間によって行われることは不可能であり、母音が現れる音声コンテク

---

① 主要的な音響キューである持続時間が存在する場合、フォルマント周波数は極めて小さい役割を果たし、無視してもいい（Behne et al，1999；Kinoshita et al，2002）。

ストと関連して行われなければならないことが示唆されている。

母語話者を対象とするこれまでの研究 Gottfried，Miller，Payton(1990)では、イギリス英語の文における母音の同定は、主にフォルマントをキューに行われる場合、発話速度に影響されるということが示されている。そして、母語聴取者は発話の速度を用いて、母語(第一言語)において持続時間が主要な音響関連量になっている対立を知覚することもある(Magen，Blumstein，1993)①。母語の日本語を対象とする研究では、以上の研究結果と一致する結果を出している。日本語母語話者は発話速度を知覚のキューとして子音(促音)の音長を区別する、という世界最初の結果を出したのは平田(1990a)である。日本語母語話者を対象に日本語母音の音長を同定する際の発話速度の効果についての最初の研究はHirata(2004)である。Hirata，Lambacher(2004)でも同じ結果を確認している。これらの研究においては、第一言語の知覚では、発話速度の変化に対する知覚順応(perceptual accommodation)、言い換えれば、速度正規化(rate normalization)が示されている。すなわち、母語聴取者は音声分節音をその音の絶対的な持続時間によって同定するのではない。もっと正確に言えば、母語聴取者の知覚においては、隣接する分節音とその言語で対立をなす分節音の両方が考慮される。このような知覚順応または速度正規化は、音声言語における音長または持続時間の音韻的対立に対する確実な知覚の前提条件であるとされている。母語聴取者は恐らく第一言語習得の初期段階で聴覚系を母語の韻律的特徴に同調させるうちにこの能力を獲得する可能性が高い(Ioup，Tansomboon，1987)。

母語聴取者による速度正規化と比較して、第二言語学習者が第二言語における時間依存の音韻的対立に対して適当な順応を行う能力(発話速度を正規化する能力)があるのか、学習者がどのように発話速度を正規化し、発話文において持続時間に基づく区別を

① Magen，Blumstein(1993)は韓国語の長母音と短母音を取り扱っている。

するのか、などについてはまだ研究が少ない。Gottfried，Berman(2001)はスペイン語母語話者の英語学習者を対象に英語の「bea」vs.「bit」と「pat」vs.「pet」の母音を同定する際、言語経験、音節の持続時間と発話速度の情報を利用することに対する効果を調べた。スペイン語では母音が持続時間に基づいて区別されないため、スペイン語母語話者の英語学習者は英語の母音の持続時間にも、母音の置かれる文の発話速度と母音の持続時間の相互作用にも影響されないという予測に反して、スペイン語母語話者の英語学習者は音節の持続時間と発話速度の情報から重要な影響を受けたという結果が出ている。その一方で、「pat」vs.「pet」の対立については、発話速度の影響は母語聴取者より非母語聴取者のほうが有意に小さかった。この点については、この研究では母語経験から説明できると示されている。

第二言語としての日本語の音声に関しては、発話速度が子音(促音)の知覚に与える影響についての最初の研究は英語母語学習者を対象とする平田(1990b)である。Hirata(2005)では英語を母語とする日本語学習者を対象に日本語長母音を同定する際の発話速度の効果を研究した。異なる発話速度では非母語話者がどの程度まで正確に日本語母音の音長を同定するのか、まだ明らかにされていない。この問題は、すなわち、非母語話者の学習者が聴取において、母音の音長を同定する(速度の正規化を行う)際、速度調整が義務的または自動的なプロセスであるかどうか(Miller，1987；Gottfried，Miller，Payton，1990)ということになる。義務的または自動的なプロセスであれば、遅い発話速度と速い発話速度とでは母音の音長の同定に差異がないはずである。しかしながら、非母語話者学習者の聴取者にとって、聴取における速度正規化が自動的なプロセスでなければ、この2種の速度では、母音の絶対的な持続時間の影響で、学習者の長母音同定に差異が見られる可能性が考えられる(Hirata，Lambacher，2004)。

中国語の北方方言を母語とする日本語学習者を対象に日本語長母音を同定する際の発話速度の効果を考察している研究として

は、賈、森、粕谷(2006)とJia，Mori，Kasuya(2005)が挙げられる。これらの研究では、中国人日本語学習者が日本語の母音の音長を同定するのを困難にさせる可能性のある要因の一つは発話速度であると推測されている。Hirata(2004)の研究と賈ら(2006)の研究の異なる点の一つは、前者は日本語母語話者による発話文を用いたのに対して、賈らの研究は日本語の合成単語音声を用いた点である。中国人日本語学習者を対象とするこれらの研究から、音韻論的音長の知覚判断は単に分節音の絶対的な持続時間に頼ることは不可能であるということが明らかになり、また、中国語(北方方言)話者は発話速度以外の音声コンテクストの影響で母音の音長知覚を学習することがより困難であるということが既に明らかにされたが(小熊，2008；皆川，2002など)、先行研究では単語を試験用の材料に用いた方法が一般的であり、そして発話速度、アクセント型、長音位置など音声コンテクスト要因に関連させて中国人学習者の音長に対する知覚困難の性質を比較的完全に調査したことがない。したがって、本章の目的は、発話速度をはじめとする音声コンテクスト要因が中国人学習者の日本語母音の音長の知覚にどのような影響を及ぼしているかを調査することにある。これまでの章と同じように、母語と第二言語能力の役割を明らかにしたい。

Hirata(2004b)とPort(1977)にしたがって、刺激を産出した日本語母語話者は次のような発話速度の定義を与えた。普通の速度とは快適で、くつろいだテンポのことである。遅い速度とは最も遅いテンポであることが可能であると同時に、発話文の流れの流暢さを維持し、単語の間に中断や不必要なポーズを入れないことを指す。速い速度とは最も速いテンポであることが可能であると同時に間違いを起こさないことを指す。

9.2 実験

9.2.1 被験者

被験者グループ(聴力の正常な20代の大学生)は下記の通りである。

A. 上級学習者グループ(advanced):日本語を28ヶ月以上専攻している大学生
そのうち:北方方言母語話者大学生グループCN_N_A(20名)
広州方言母語話者大学生グループCN_C_A(20名)

B. 初級学習者グループ(beginner):日本語を2ヶ月間専攻している大学生
そのうち:北方方言母語話者大学生グループCN_N_B(20名)
広州方言母語話者大学生グループCN_C_B(20名)

9.2.2 音声資料

表9-1 目標母音、目標単語とキャリア文

目標母音	目標単語	目標単語が埋め込まれたキャリア文
A	ママ	そこには<u>ママ</u>と書いてあります。
	マーマ	そこには<u>マーマ</u>と書いてあります。
	ママー	そこには<u>ママー</u>と書いてあります。
I	ミミ	そこには<u>ミミ</u>と書いてあります。
	ミーミ	そこには<u>ミーミ</u>と書いてあります。
	ミミー	そこには<u>ミミー</u>と書いてあります。
U	ムム	そこには<u>ムム</u>と書いてあります。
	ムーム	そこには<u>ムーム</u>と書いてあります。
	ムムー	そこには<u>ムムー</u>と書いてあります。

（つづき）

目標母音	目標単語	目標単語が埋め込まれたキャリア文
E	メメ メーメ メメー	そこにはメメと書いてあります。 そこにはメーメと書いてあります。 そこにはメメーと書いてあります。
O	モモ モーモ モモー	そこにはモモと書いてあります。 そこにはモーモと書いてあります。 そこにはモモーと書いてあります。

表9-1に示したように、本研究に用いた刺激は3種類の日本語二音節無意味語である(/mVmV/，/mV:mV/，/mVmV:/(V＝/a i u e o/))。これらの単語には平板型と頭高型の2種類がある。そして、長音の有無と位置によってさらに/mVmV/(短＋短、以下SSと略す)、/mV:mV/(長＋短、以下LSと略す)と/mVmV:/(短＋長、以下SLと略す)3種類に分けられる。刺激語を「そこには______と書いてあります」というキャリア文に埋め込んで、日本語(東京方言)母語話者の5人(女性3人、男性2人)に発話してもらった(表9-1)。発話者は表9-1の文を頭高型で発話した後、平板型で発話した。発話者の日本人が無意味語の発音方法が分かるよう、無意味語の前に、それぞれに対応するアクセント型の例(頭高型:「過度」「花道(かどう)」「カード」; 平板型:「政治」「世事」「普通」)を書いておいた。それぞれの発話速度のリストの始まりと終わりのところに、二つのフィラー語①をつけた。

発話速度を説明し、参加者に分かるようにし、普通のスピード、普通のスピードより遅いスピードと、普通のスピードより速いスピードで10回発話するように指示した。

母音の持続時間の範囲は図9-1にまとめた。遅い速度での短母

---

① フィラー語は次の通り:「ルール、ルル、ソーノ、フフ、キキ、キーキ、ココ、コーコ、ヘヘ、ヘーヘ、ササ、サーサ」。

音と速い速度での長母音の間に重なり合いがあることが見られる。これにはHirata(2004)、Hirata，Lambacher(2004)と似たような結果が出ている。

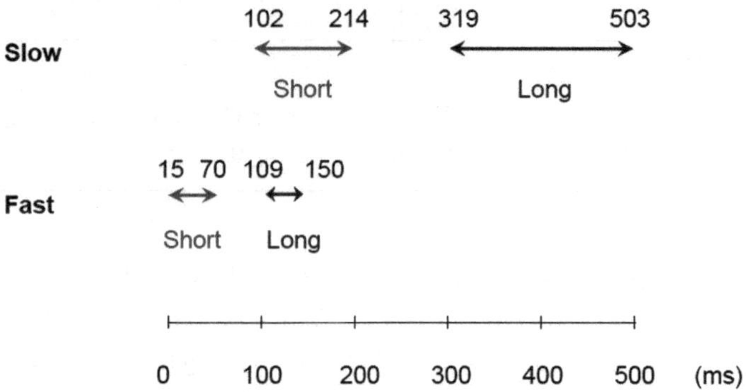

図9-1　この実験で用いた刺激語における母音の持続時間の範囲

それぞれの「Slow」(遅い発話速度)と「Fast」(速い発話速度)については、「Short」というラベルが付いた矢印は、短母音(マ、ミ、ム、メ、モ)の持続時間の範囲を表す。「Long」というラベルが付いた矢印は、長母音(マー、ミー、ムー、メー、モー)の持続時間の範囲を表す。

文の持続時間に関する予備的な分析によって、5人の参加者が発話した3種類の速度の文はお互いによく区分されていることが明らかになった。

合計300の文(5種の母音×2アクセント型×3語タイプ×2速度×5回)を選び、母音、語タイプ、発話速度をランダムに配列した。

9.2.3　実験手続き

以上の刺激音は20人の日本語母語話者に100％の平均正答率で長短母音が同定できることを確認した。

刺激音はLL教室で適切な音量でヘッドフォンを通して被験者に提示した。不慣れ、疲労などの要因を除くため、刺激列の最初と最後に五つずつ余分に刺激音を挿入した①。実験は、北方方言話者の場合は洛陽外国語学院で、広州方言話者の場合は広東外語外貿大学で行われた。

被験者は同定タスクのテストで四つの選択肢から一つだけ強制選択するように指示した。被験者が/mVmV/(SS)を聞けば「A」を、/mV:mV/(LS)を聞けば「B」を、/mVmV:/(SL)を聞けば「C」を、/mV:mV:/(LL)を聞けば「D」を選択するように、あらかじめ例を示して詳しく説明した。

9.2.4　結果と考察

正しい同定の点数の割合を算出し、分散分析を行った。実験計画において、標準な直交表 $L_8(2^7)$ にもどせる直交表 $L_8(4\times2^4)$ を利用し、そして、擬水準法を用いた(田口，1977)。発話速度、アクセント型、第二言語能力(初級・上級)、被験者グループの母語(北方方言・広州方言)と語タイプを要因とする分散分析を行った結果は次のとおりである。

全体の結果において、第二言語能力に主効果が見られた($F(1, 8)=9.50$, $p<0.05$)。発話速度に主効果が見られた($F(1, 8)=8.21$, $p<0.05$)。母語に主効果が見られた($F(1, 8)=7.09$, $p<0.05$)。アクセント型に主効果が見られた($F(1, 8)=6.90$, $p<0.05$)。語タイプに主効果が見られた($F(2, 8)=3.80$, $p<0.05$)。

母語×アクセント型の交互作用が有意であった($F(1, 8)=7.50$, $p<0.05$)。母語×第二言語能力の交互作用が有意であった($F(1, 8)=7.50$, $p<0.05$)。

次は発話速度、アクセント型、語タイプごとの平均正答率を見てみよう(図9-2～図9-5)。図9-2～図9-5から、上級学習者の成績は多少の変化があっても高い。これは第二言語能力に関係があると考えられる。

---

① 挿入した刺激音は次の通り：「そこにはルール(ルル、フーフ、フフ、キキ、キーキ、ココ、コーコ、ヘヘ、ヘーヘ、ササ、サーサ)と書いてあります」。

遅い発話速度の場合、アクセント型が平板型の時、語タイプごとの平均正答率は図9-2のとおりである。

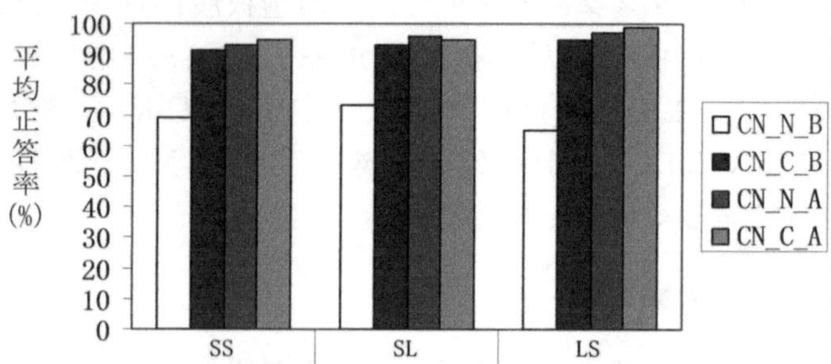

	SS	SL	LS
CN_N_B	69	73	65
CN_C_B	91	93	95
CN_N_A	93	96	97
CN_C_A	95	95	99

語タイプ

図9-2　遅い発話速度·平板型の場合の平均正答率

上図から分かるように、遅い発話速度の場合、アクセント型が平板型の時、語タイプとは関係なく、初級の北方方言母語話者学習者はそれ以外のグループより、平均回答率が低く、初級の広州方言母語話者学習者、上級の広州方言母語話者学習者と上級の北方方言母語話者学習者は平均回答率が高い。事後解析の結果では、すべての語タイプにおいて、初級の広州方言母語話者学習者、上級の広州方言母語話者学習者と上級の北方方言母語話者学習者の間に有意差はなかったが、初級の北方方言母語話者学習者とそれ以外の被験者グループとの間に有意差はあった。この結果は、第4章の結果から解釈できるようである。第4章では、初級の広州方言母語話者学習者、上級の広州方言母語話者学習者と上級の北方方言母語話者学習者が日本語母語話者学習者と同じ知覚カテゴリー境界を持っていることが明らかになった。このため、遅い発話速度における母音の音長を同定できたのである。成績のよい三つのグループと異なり、初級の北方方言母語話者学習者は母音の知覚カテゴリーを形成していないので、母音音長の同定は不安定なのである。さらに、図9-1から分かるように、遅い速度における短母音が速い速度における長母音より長い持続時間を持つことがあり、初級の北方方言話者学習者はSを長母音に誤認しやすいのである。

遅い発話速度の場合、アクセント型が頭高型の時、語タイプごとの平均正答率は図9-3のとおりである。

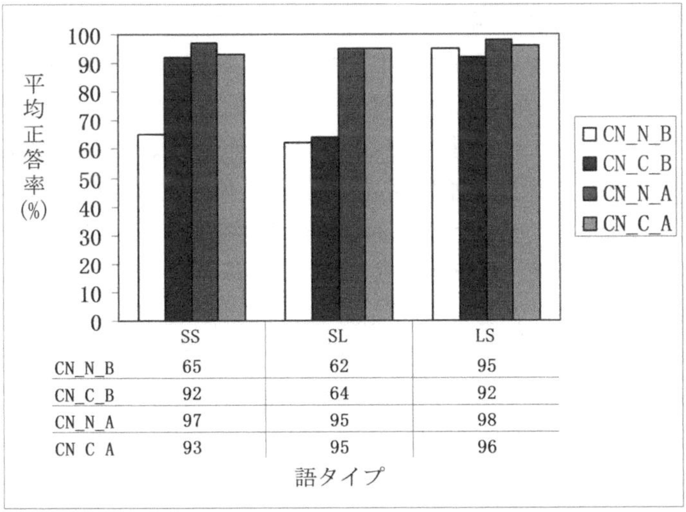

	SS	SL	LS
CN_N_B	65	62	95
CN_C_B	92	64	92
CN_N_A	97	95	98
CN_C_A	93	95	96

図9-3　遅い発話速度・頭高型の場合の平均正答率

遅い発話速度の場合、アクセント型が頭高型の時、SSタイプの語に対する平均正答率に関しては、上級の広州方言母語話者学習者、上級の北方方言母語話者学習者と初級の広州方言母語話者学習者は高いが、初級の北方方言母語話者学習者は低い。SLタイプの語に対する平均正答率に関しては、初級の学習者は低いが、上級の学習者は高い。LSタイプの語に対する平均正答率に関しては、四つのグループはほぼ同じく高い。事後解析ではつぎのような結果が出た。

SSタイプの場合、初級の広州方言母語話者学習者、上級の広州方言母語話者学習者と上級の北方方言母語話者学習者の間に有意差はなかった。初級の北方方言母語話者学習者とそれ以外の学習者グループの間に有意差があった。その原因は、遅い発話速度では有アクセント短母音の持続時間が長くなり、初級の北方方言母語話者学習者はピッチのキューを利用し、有アクセント短母音を長母音に誤認したと思われる。初級の広州方言母語話者学習者の平均回答率が高い原因としては、母語における母音の長短対立の内在的な音韻知識を利用していると考えられる。

LSタイプの場合、四つのグループの間に有意差はなかった。その原因については、頭高型のLSタイプの刺激音は遅い速度ではLが長く伸ばされ、同時にピッチフォールがある一方、頭高型のLSタイプの刺激音は遅い速度ではLが長く伸ばされるが、低音調の語尾分節音は声帯の生理作用で、容易に伸ばされない(皆川、前川、桐谷，2002)。ピッチのキューを利用するという第5章の結果とあわせて考えれば、初級の北方方言母語話者学習者、上級の広州方言母語話者学習者と上級の北方方言母語話者学習者に容易に知覚されると思われる。Lが長く伸ばされ、低音調の語尾 Sが容易に伸ばされないので、音長に敏感な初級の広州方言母語話者学習者は容易に持続時間を利用して同定すると考えられる。

SLタイプの場合、初級の北方方言母語話者学習者と初級の広州方言母語話者学習者との間にも、上級の広州方言母語話者学習者と上級の北方方言母語話者学習者との間にも有意差はなかったが、初級学習者と上級学習者との間に有意差はあった。その原因については、頭高型のSLタイプの刺激音は遅い速度ではSが長く伸ばされるが、Lが低音調で語尾にあり、容易に伸ばされないため、初級の学習者に短母音と誤認されやすいと考えられる。

速い発話速度の場合、アクセント型が平板型の時、語タイプごとの平均正答率は図9-4のとおりである。

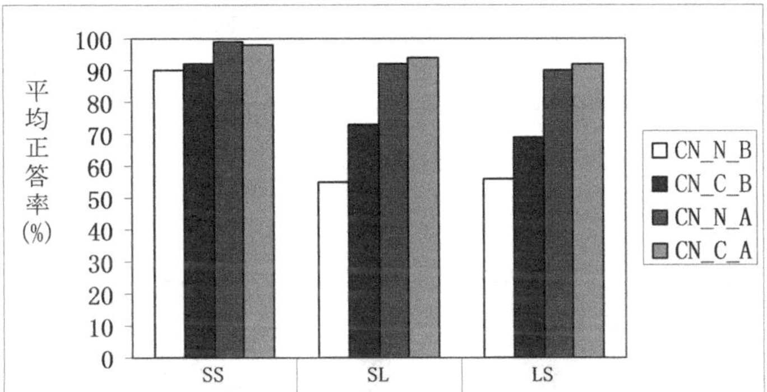

	SS	SL	LS
CN_N_B	90	55	56
CN_C_B	92	73	69
CN_N_A	99	92	90
CN C A	98	94	92

図9-4　速い発話速度・平板型の場合の平均正答率

速い発話速度の場合、アクセント型が平板型の時、SSタイプの場合、四つのグループは平均回答率が高い。SLタイプとLSタイプの場合、上級広州方言母語話者学習者と上級北方方言母語話者学習者は同じく高いが、初級の広州方言母語話者学習者はそれより低く、初級の北方方言母語話者学習者は最も低い。事後解析ではつぎのような結果が出た。

SSタイプの場合、四つのグループの間に有意差はなかった。その原因については、速い発話速度では母音の持続時間が正常の速度より短いので、容易に同定されると考えられる。

SLタイプとLSタイプの場合、上級の広州方言母語話者学習者と上級の北方方言母語話者学習者に有意差はなかったが、初級の広州方言母語話者学習者と上級の学習者との間、初級の広州方言母語話者学習者と初級の北方方言母語話者学習者との間に有意差はあった。速い発話速度では、Lが短縮されたので、初級の学習者にとって容易に同定されなかったと考えられる。初級の広州方言母語話者学習者と初級の北方方言母語話者学習者の間に差異が見られたのは、初級の広州方言母語話者学習者は、母語における母音の長短対立の内在的な音韻知識を多少利用するが、北方方言母語話者学習者はそういう知識がないためだと考えられる。

速い発話速度の場合、アクセント型が頭高型の時、語タイプごとの平均正答率は図9-5のとおりである。

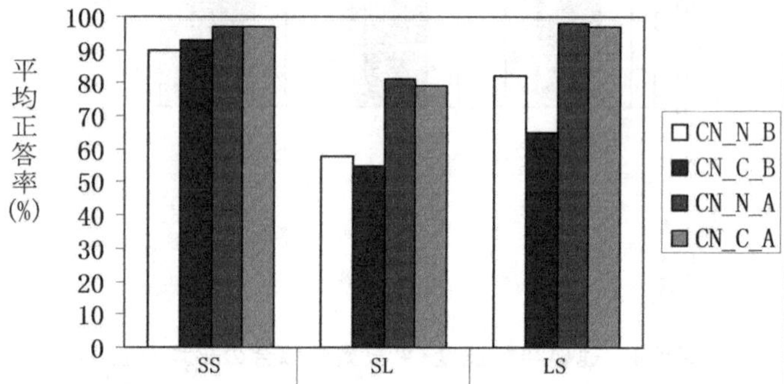

	SS	SL	LS
CN_N_B	90	58	82
CN_C_B	93	55	65
CN_N_A	97	81	98
CN_C_A	97	79	97

語タイプ

図9-5　速い発話速度·頭高型の場合の平均正答率

速い発話速度の場合、アクセント型が平板型の時、SSタイプの場合、四つのグループは平均回答率が高い。SLタイプの場合、上級の広州方言母語話者学習者と上級の北方方言母語話者学習者は高いが、初級の北方方言母語話者学習者と初級の広州方言母語話者学習者は上級学習者より低い。LSタイプの場合、上級の広州方言母語話者学習者と上級の北方方言母語話者学習者は高いが、初級の北方方言母語話者学習者はそれより低く、初級の広州方言母語話者学習者は最も低い。事後解析ではつぎのような結果が出た。

SSタイプの場合、四つのグループの間に有意差はなかった。その原因としては図9-4と同じように、速い発話速度では母音の持続時間が正常の速度より短いので、容易に同定されると考えられる。

LSタイプの場合、上級の広州方言母語話者学習者と上級の北方方言母語話者学習者との間に有意差はなかったが、初級の広州方言母語話者学習者と初級の北方方言母語話者学習者との間に有意差はあった。そして、初級の北方方言母語話者学習者と上級の学習者との間に有意差はあった。速い発話速度では、Lが短縮されたので、初級の学習者にとって容易に同定されなかったためだと考えられる。初級の広州方言母語話者学習者と初級の北方方言母語話者学習者の間に差異が見られたのは、初級の北方方言母語話者学習者は、ピッチをキューに利用できるが、初級の広州方言母語話者学習者は利用できないためだと考えられる。

SLタイプの場合、上級の広州方言母語話者学習者と上級の北方方言母語話者学習者にも、初級の広州方言母語話者学習者と初級の北方方言母語話者学習者との間にも有意差はなかったが、初級の学習者と上級の学習者との間に有意差はあった。初級の学習者の成績が低い原因については、頭高型のSLタイプの刺激音は正常な速度でも語尾の低音調のLが容易に伸ばされなく、速い速度では一層伸ばされにくいため、短母音に誤認されやすいためだと考えられる。

以上の結果をまとめると、中国人学習者が日本語母音の音長を同定する際、発話速度と語タイプなどの音声コンテクスト要因と、母語と第二言語能力に影響されることが明らかになった。

本章の関心事の一つは、第二言語音声習得において速度調整が義務的または自動的なプロセスであるかという点である。この点について解明するために以上の結果をさらに簡略化して表9-2で示した。

表9-2　各音声コンテクスト要因における被験者グループごとの平均回答率

グループ	音声コンテクスト											
	遅い発話速度						速い発話速度					
	平板型			頭高型			平板型			頭高型		
	SS	SL	LS	SS	SL	LS	SS	SL	LS	SS	SL	LS
CN_N_B	−	−	−	−	−	+	+	−	−	+	□	□
CN_C_B	+	+	+	+	−	+	+	□	□	+	−	−
CN_N_A	+	+	+	+	+	+	+	+	+	+	?	+
CN_C_A	+	+	+	+	+	+	+	+	+	+	?	+

＋＝上級と初級を比較した結果、平均回答率が高いもの

−＝上級と初級を比較した結果、平均回答率が低いもの

□＝平均回答率が「＋」と「−」の中間にあるもの

？＝初級と比較した結果、平均回答率が高いが、“＋”とかなり違うもの

表9-2では、初級の学習者については、遅い発話速度と速い発話速度とでは母音の音長の同定に違いが見られた。したがって、初級の学習者にとって、発話速度が義務的なプロセスではないと言える。

図9-5における、上級の広州方言母語話者学習者の速い発話速度における頭高型のSLタイプの成績と、上級の北方方言母語話者学習者の速い発話速度における頭高型のSLタイプの成績について統計を行った結果、有意差はなかった。この二つのグループのこの音声コンテクストにおける成績と、それ以外の音声コンテクストにおける成績について統計を行った結果、有意差はあった。つまり、上級の学習者にとって、速い発話速度における頭高型のSLタイプの成績が統計学的に同じ低い、ということになる。こうしてみると、上級の学習者にとっても、発話速度が義務的なプロセスではないと言える。

まとめてみると、中国語母語話者学習者にとって、聴取における速度正規化が自動的なものではないと言える。

9.3　おわりに

本章の研究では、中国人学習者が日本語母音の音長を同定する際、発話速度に影響されるという点が明らかになった。音量言語には音の長さの度合いが典型的に長と短と二つある。母語の聴取者は発話の音声コンテクストにより、音の絶対的な持続時間の音響変動に関係なく、語音を長または短に知覚する。中国語母語話者の日本語学習者にとって、聴取における速度正規化が自動的なものでははい。発話速度のほか、日本語母音の音長の同定は語タイプなど音声コンテクスト要因にも影響されるという点も明らかになった。本章の結果を通じて、中国人学習者の日本語母音音長の習得の複雑さが理解できた。

第10章　結論と今後の課題

10.1　結論

本論文では、初級と上級の、北方方言母語話者学習者と広州方言母語話者学習者による母音音長の習得の実態、および母音の音長と密接に関係する日本語発話リズムの習得について、知覚と産出の両側面から実験を行い、得たデータを統計学的手法を用いて、対照的に考察してきた。

これまでの中国人学習者の音長習得関係の研究と異なる独自の研究方法としては、以下の三つが挙げられる。

第1に、%slopeの使用。中国人による日本語はピッチの変化が激しいと指摘されているが、いったい日本語母語話者とどの点で異なっているのか、量的な手段に基づいた研究はまだ行われていない。日本語母語話者を対象とするKozasa(2005)の研究をもとに、独自の量的なパラメータ%slopeを考案し、日本語母語話者との比較を通して、中国人の日本語発話に見られる有アクセント長母音の音響学的な特徴について量的分析を行った。

第2に、直交表による実験計画法の使用。音声研究は難しいと言われているが、特に研究主題になる要素が三つ以上ある場合、分散分析はより困難になることがある。本論文では、品質工学に広く応用されている実験計画法である直交表を日本語音声研究に応用してみて信頼できるデータを得た。

第3に、リズムの音響学的測定法の使用。中国語話者は超級[①]学習者の発話でもリズムに問題点が目立つと言われている(小熊，2008)。日本語学習者の発話リズムに関する先行研究は母語話者の主観的評価に任せるような手法が一般的である。本論文では、量的な分析手段%VとVarcoVによって日本語学習者の発話のリズムを客観的に測定した。

本論文では次のような結論を得た。

1. 日本語の無アクセント母音の音長のカテゴリー知覚と産出については、初級と上級の広州方言母語話者学習者と上級の北方方言母語話者学習者は日本語母語話者と同じであるが、初級の北方方言母語話者学習者だけが日本語母語話者と異なる。これは母語から影響を受けることに由来すると考えている。広州方言には母音の長短対立があるので、広州方言を母語とする初級学習者は日本人母語話者と同じように母音の音長のカテゴリー知覚と産出を行う。これに対して、北方方言には母音の長短対立がないので、北方方言を母語とする初級学習者は日本語母音の音長に敏感でなく、稚拙なカテゴリー知覚と産出を行う。上級の北方方言母語話者学習者は初級の北方方言母語話者学習者より第二言語能力が高いので、日本語母語話者と同じレベルに達するのである。

2. 日本語の有アクセント母音音長の知覚については、日本人は普通持続時間をキューに母音を知覚するが、持続時間のキューが不足する場合はピッチをキューに音長を知覚する、という先行研究に一致している結論を本論文では出している。しかし、本論文の研究では、上級日本語学習者と初級の北方方言母語話者学習者が主にピッチをキューに母音の音長を知覚するのに対し、初級広州方言話者学習者は持続時間をキューに母音の音長を知覚し、ピッチをほとんど利用しない、という知見に達した。その原因に

---

① 小熊(2008)では水野(1987)の分類基準に従っている。超級とは「誰が聞いても分かる。母語の痕跡がほとんどない」レベルを指す。

ついては、初級の広州方言母語話者学習者は母語の広州方言にある母音音長に関する内在的な音韻的知識により、日本語の母音の音長を同定する。これに対して、初級の北方方言母語話者学習者は、有アクセント母音のピッチ型が北方方言の声調の51声調に似ているため、母語の声調をキューに日本語の有アクセント母音の音長を同定するのである。上級の北方方言母語話者学習者は初級の北方方言母語話者学習者と同じように、声調をキューに日本語の母音の音長を同定すると考えている。一方、上級の広州方言母語話者学習者は大学で圧倒的に標準中国語を聞き、話すことで、中国語の声調の影響を受け、51声調をキューに日本語の母音音長を同定する。さらに、この結果は、中国人学習者はモーラで母音の音長を同定することができない、すなわち、長母音におけるモーラの知覚は中国人学習者にとって困難であることも意味する。

3. 中国人学習者による有アクセント母音音長の産出については、本論文では上級の中国人学習者と初級の北方方言母語話者学習者が産出した発話は日本語母語話者よりピッチフォールが大きく、有アクセント母音の持続時間が日本人の同じ発話速度の発話より長いということを発見した。これは北方方言の51声調の影響であることも指摘している。もう一つの発見は、初級の広州方言母語話者学習者は日本語母語話者のような持続時間の有アクセント母音を産出できるが、日本語母語話者のようなピッチフォールを産出できないという点である。日本語母語話者のような持続時間の有アクセント母音を産出できるのは、母語の広州方言にある長短対立が働くことに原因があると考えている。日本語母語話者のようなピッチフォールを産出できないのは広州方言の声調にいわゆる「平調」が多く、初級の広州方言話者学習者にとってそれがより馴染み深いからであると推測される。

4. 日本語長母音におけるモーラ数の知覚については、中国人学習者は、その日本語能力や方言差に関係なく、日本語母語話者と異なる。モーラは中国人学習者にとって習得困難であると考えられる。その原因は、中国語は音節リズムの言語であり、リズムの単位が音節であるのに対して、日本語のリズムはモーラリズムで、リズムの単位がモーラであるからである。長母音の習得におけるモーラの知覚は中国人学習者にとって一番困難であると考えられる。

5. 中国人学習者による日本語発話のリズムについては、上級の中国人学習者の日本語発話は母方言を問わず、日本語のモーラリズムのようなリズム型ではなく、母語の音節リズムに近いということを発見し、中国人学習者にとってリズム単位が習得困難であることを確認した。その原因は母語のリズムの影響であると考えている。

6. 母音音長の習得が非常に複雑なものであることを明らかにした。中国人学習者が日本語母音の音長を同定する際、母語と第二言語能力に影響されるだけでなく、発話速度と語タイプなどの音声コンテクスト要因からも影響を受ける。

本論文では、母方言が異なる学習者グループを対照的に研究する重要な目的は、日本語母音音長の習得が学習者の母語から影響を受けるかを調査し、中間言語音韻論に何らかの証拠を与えるということである。そこで、研究結果をより明瞭に示すために、表10-1に簡略化した。

表10-1　日本語母音音長習得と言語転移

グループ	項目					
	1 無ア知覚	2 無ア産出	3 有ア知覚	4 有ア産出	5 モーラ知覚	6 リズム産出
C_B	T+	T+	T+	T+　T−	T−	T−*
N_B	□	□	T−	T−	T−	T−*
C_A	T+　H+	T+　H+	T_N−	T_N−	T−	T−
N_A	H+		T−	T−	T−	T−

無ア知覚＝無アクセント母音音長知覚
無ア産出＝無アクセント母音音長産出
有ア知覚＝有アクセント母音音長の知覚
有ア産出＝有アクセント長母音の産出
モーラ知覚＝日本語母音におけるモーラ数の知覚
リズム産出＝日本語発話のリズム
C_B＝初級の広州方言母語話者学習者
N_B＝初級の北方方言母語話者学習者
C_A＝上級の広州方言母語話者学習者
N_B＝上級の北方方言母語話者学習者
T＋＝母語の正の転移
T－＝母語の負の転移
T_N－＝非母語からの負の転移
H＋＝習慣形成または、第二言語能力の向上
□＝言語転移によって解釈できないもの
$T-_*$＝母語の負の転移。(実験による結果でないもの。初級学習者が非常に簡単で短い文しか産出できないため、初級学習者を研究対象に入れることができなかった。本論文では実験をしていないが、その日本語発話のリズムは母語の音節リズムに近いリズム型を産出する可能性が非常に高い。

表10-1から分かるように、中国人学習者の日本語母音音長の習得において母語の転移が極めて顕著であり、本論文で研究したほとんどすべての項目に言語転移が見られる。(ただし、N_B 1[①]、N_B 2の独特な問題は、言語転移の理論では解釈できないが、広い意味での転移理論である「音韻特徴仮説」を持って解釈することはできる。)言語転移は、主として母語からの影響であるが、母語以外の影響もある(C_A 3とC_A 4)。

本論文では、英語、フランス語をそれぞれ母語とする学習者の日本語発話と、中国人学習者の日本語発話を比較することにより、中国人学習者のリズム習得に言語普遍的な特徴が見られることが明らかになった。したがって、中国人学習者の日本語母音音

① N_B 1は初級の北方方言母語話者学習者(N_B)の無ア知覚(表の項目1)を指す。

長の習得に関する面で、母語の転移には言語個別的な特徴(項目[①]1～3)もあれば、言語普遍的な特徴もある(項目4～5)。

日本語母音音長の習得と第二言語能力の関係を解明するのも本論文の一つの研究目的であるが、これを明らかにするために、表10-1をさらに表10-2のように簡略化して示した。

表10-2　日本語母音音長習得と第二言語能力の向上

日本語能力の向上	項目					
	1 無ア知覚	2 無ア産出	3 有ア知覚	4 有ア産出	5 モーラ知覚	6 リズム産出
C_B→C_A	◇	◇	×	×	×	×*
N_B→N_A	○	○	×	×	×	×*

◇＝成績が維持される

○＝成績の向上が見られる

×＝成績の向上が見られない

*＝初級学習者の場合は実験による結果ではないもの

表10-2から、日本語母音音長の習得は必ずしも第二言語能力の向上に伴って向上するものではないという点が明らかになった。

10.2　今後の課題

日本語母音音長の習得は複雑なものである。本論文では、限られた時間や個人の資金力などの条件の制限下で、中国人学習者の日本語母音音長の習得研究において残された課題はまだいくつかある。

1. 広州方言母語話者学習者による自由発話の母音音長習得の研究。先行研究から、発音の正確さは学習者による発音への注意度

① 項目は表10-1の1、2、3、4、5、6がそれぞれ対応する無ア知覚、無ア産出、有ア知覚、有ア産出、モーラ知覚、リズム産出のことを指す。

の量と大きく関係しているということが分かる。Tarone(1983)は、中間音韻論研究の上では、データ収集におけるタスクの違いによる発音の可変性の存在を見逃しにくいと述べ、日常会話スタイルによって得られたデータを重視すべきであると主張している。本論文では、もともと自由発話における中国人学習者の母音音長の習得も研究する計画であったが、条件の制限でできなくなり、読み上げに近い日本語発話の分析にとどまった。小熊(2008)では中国人の北方方言母語話者学習者を対象に、その発話リズムと母音の音長について研究しているが、広州方言母語話者学習者を対象に、日本語の自由発話における母音音長習得については、まだ研究されていない。これから、広州方言母語話者学習者による日本語の自由発話を分析する必要がある。

2. 広州方言母語話者学習者を対象とする日本語の母音音長習得の縦断研究。音声研究には横断研究と縦断研究があるが、本来、習得過程を解明するには縦断的な調査が不可欠であるが、同じ学習者を長期に調査対象とすることは困難である。それを補う目的で、横断的な手法を用いた研究が行われる(小熊,2008;水野,1987)。本論文の研究は横断研究に属すが、広州方言母語話者学習者の母音音長習得のより多くの実態、特に、有アクセント母音の音長の知覚はどのように「持続時間の利用」(初級)から「ピッチの利用」(上級)へ変わっていくかを知るために、今後は縦断研究を行う必要がある。このような縦断研究によって、上級の広州方言母語話者学習者が標準中国語の51声調の影響でピッチを有アクセント母音の音長知覚に利用していることにいっそう明確な証拠を見つけることができると確信する。

3. 中国人学習者が産出した有アクセント短母音の音長の音声音響学的研究。本論文では、広州方言母語話者学習者と北方方言母語話者が産出した有アクセント長母音の音長について音声音響学的研究を行ったが、研究時間と、音声音響学的研究における個人作業の量などの事情で、有アクセント短母音について研究していない。中国人学習者の有アクセント母音の習得実態を完全に捉えるため、今後有アクセント短母音の音長の産出について研究する必要がある。

4. 母音の種類①による有アクセント母音の音長知覚の差異についての研究。本論文の第5章では中国人学習者による日本語の有アクセント母音の音長知覚について研究した。母音の種類による差異は示したが、本論文の研究は学習者による有アクセント母音音長の知覚の一般的な傾向を見るためのものであり、母音の種類による有アクセント母音の音長知覚の変化については研究していない。今後、この主題について研究する必要がある。

5.中国人学習者が産出した異なる発話速度における母音音長の研究。第二言語学習者のあまり遅い発話速度は第二言語の話し言葉の自然さを減らし、そのリズムを崩し、外国人訛りと知覚される要素にもなると言われているが、中国人学習者が産出した、異なる発話速度における母音音長の研究はまだ行われていない。今後、この主題について研究する必要がある。

① /a/ /i/ /u/ /e/ /o/の5種。

参考文献

日本語文献

(著者の名前の五十音順)

[1] 鮎澤孝子.日本語学習者による東京語アクセントの聞き取り－韓国語·英語·フランス語·北京語話者の場合－[C]//日本語教育学会大会委員会.平成7年度日本語教育学会秋季大会予稿集.東京:日本語教育学会,1997:165-170.

[2] 鮎澤孝子.中間言語研究－日本語学習者の音声[J].音声研究,1999,3(3):4-12.

[3] 鮎澤孝子.日本語教育のための音声研究[J].音声研究,2001,5(1):71-74.

[4] 鮎澤孝子.外国人学習者のアクセント·イントネーションの習得[J].音声研究,2003,7(2):47-58.

[5] 伊庭緑·谷川雅博.日本語の音節と音素の調査:その種類と出現頻度[M]//ロベルジュクロード(Roberge Claude)·木村匡康.日本語の発音指導－VT 法の理論と実際－.東京:凡人社,1990:64-78.

[6] 今田滋子.教師用日本語教育ハンドブック⑥ 発音[M].東京:凡人社,1981.

[7] 内田照久.中国人日本語学習者における長音と短音の聴覚的認知の特徴[J].教育心理学研究,1993,41(4):414-423.

[8] 小河原義朗·河野俊之.教師の音声教育観と指導の実際[J].日本語教育方法研究会誌9-1,2002:2-3.

[9] 小河原義朗.発音矯正場面における学習者の発音と聞き取りの関係について[J].日本語教育,1997a,9(2):83-94.

[10] 小河原義朗.外国人日本語学習者の発音学習における自己評

価[J].教育心理学研究，1997b，45(4):438-448.
[11] 小熊利江.英語母語話者による長音の知覚[J].世界の日本語教育10，2000a:43-55.
[12] 小熊利江.発話リズムと日本語教育[M].東京:風間書房，2008.
[13] 大坪一夫.日本人の長母音·短母音の判別能力について[M]//名古屋大学総合言語センター.言語文化論集2-1.名古屋:名古屋大学総合言語センター，1980:61-68.
[14] 大室香織·馬場良二·宮園博光·宇佐川毅·頴川裕一.日本語長母音における拍数の聞き取りについて－日本語話者と韓国語話者と英語話者の比較－[C]//日本音声学会.第10回日本音声学会全国大会予稿集.東京:日本音声学会，1996:71-76.
[15] 賈海平·森大毅·粕谷英樹.話速の変化に対する日本語の促音·長音の時間構造の分析に基づく日本語学習者の習熟度評価[J].日本音響学会誌，2006，62(6):433-442.
[16] 鹿島央.日本語のリズム単位とその型について－日本語教育への応用をめざして－[J].日本語研究と日本語教育，1992:305-320.
[17] 鹿島央·橋本慎吾.日本語リズムの語レベルでの特徴について－北京語話者の場合－[C]//日本語教育学会大会委員会.平成11年度日本語教育学会秋季大会予稿集.東京:日本語教育学会，1999:187-192.
[18] 河野守夫.リズムの知覚と心理[M]//国広哲弥·廣瀬肇·河野守夫.アクセント·イントネーション·リズムとポーズ.東京:三省堂，1997:91-139.
[19] 北条淳子.日本語教育における発音の問題－発音矯正－[M]//早稲田大学語学教育研究所.講座 日本語教育6.東京:早稲田大学語学教育研究所，1970:1-19.
[20] 串田真知子·城生佰太郎·築地伸美·松崎寛·劉銘傑.自然な日本語音声への効果的なアプローチ:プロソディーグラフ－中国人学習者のための音声教育教材の開発－[J].日本語教育，

1995，86:39-51.
[21] 窪薗晴夫.リズムから見た言語類型論[J].言語，1993，22(11):62-69.
[22] 窪薗晴夫.モーラと音節の普遍性[J].音声研究，1998，2(1):5-15.
[23] 窪薗晴夫.音韻の獲得と言語の普遍性[J].音声研究，2003，7(2):5-17.
[24] 国際交流基金.漢語話者のためのわかりやすい日本語シリーズ 発音[M].国際交流基金，2005.
[25] 佐藤ゆみ子.日本語のモーラリズム－音節数と単語長の間の相関関係－[J].音声学会会報，1995，209:40-53.
[26] 杉藤美代子.音節か拍か－長音·撥音·促音－[M]//杉藤美代子.講座 日本語と日本語教育2 日本語の音声と音韻(上).東京:明治書院，1989:154-177.
[27] 杉藤美代子.話し言葉のアクセント、イントネーション、リズムとポーズ[M]//アクセント·イントネーション·リズムとポーズ.東京:三省堂，1997:3-5.
[28] 助川泰彦.母語別に見た発音の傾向－アンケート調査の結果から－[R]//『日本語音声と日本語教育』文部省重点領域研究研究成果報告書，1993:187-222.
[29] 助川泰彦.第二言語の音声の習得を阻む要因[J].音声研究，2001，5(1):75-76.
[30] 田口玄一.実験計画法[M].東京:丸善出版，1976.
[31] 土屋順一.外国人学習者の日本語発話における語末の母音のながさの比較対照[R]//『日本語の韻律に見られる母語の干渉(3)－音響音声学的対照研究－』文部省重点領域研究平成4年度研究成果報告書，1992:131-142.
[32] 土屋千尋.モンゴル人学習者の日本語長母音習得の過程[R]//『日本語の韻律に見られる母語の干渉(3)－音響音声学的対照研究』文部省重点領域研究平成4年度研究成果報告書，1992:143-159.

[33] 鶴谷千春.第二言語としての日本語の発音とリズム[M].広島:渓水社，2008.
[34] 戸田貴子.モーラリズム習得におけるストラテジーと日本語音声の指導[C]//日本語教育学会大会委員会.平成9年度日本語教育学会秋季大会予稿集.東京:日本語教育学会，1997:191-196.
[35] 戸田貴子.教室活動としての日本語音声教育とその教材の開発[R]//『外国人学習者による日本語音声の習得研究』平成9年度筑波大学学内プロジェクト奨励研究 研究成果報告書，1998a:51-56.
[36] 戸田貴子.日本語学習者による促音・長音・撥音の知覚範疇化[M]//筑波大学文芸・言語学系.文藝言語研究言語篇33.茨城:筑波大学文芸・言語学系，1998b:65-82.
[37] 戸田貴子.モーラと中間言語の音節構造[M]//筑波大学留学生センター.日本語教育論集.茨城:筑波大学留学生センター，1998c，13:23-46.
[38] 戸田貴子.日本語音声習得研究の展望[M]//第二言語習得研究会.第二言語としての日本語の習得研究4.日本:第二言語習得研究会，2001:150-169.
[39] 戸田貴子.外国人学習者の日本語特殊モーラの習得[J].音声研究，2003，7(2):70-83.
[40] 西端千香子.閉鎖時間を変数とした日本語促音の知覚の研究－日本語母語話者と中国語母語話者の比較－[J].日本語教育，1993，81:128-140.
[41] 日本音声学会.音声学大辞典[M].東京:三修社，1976.
[42] 早田輝洋.音調のタイポロジー[M].東京:大修館書店，1999.
[43] 平田由香里.単語レベル・文レベルにおける日本人の促音の聴き取り[J].音声学会会報，1990a，194:23-28.
[44] 平田由香里.単語レベル・文レベルにおける促音の聴き取り－英語を母語とする日本語学習者の場合[J].音声学会会報，1990b，195:4-10.

[45] 藤崎博也・杉藤美代子.音声の物理的性質[M]//橋本万太郎.岩波講座 日本語5 音韻.東京:岩波書店，1977:63-98.
[46] 原口庄輔.音節と拍とリズム[C]//日本音声学会.第11回日本音声学会全国大会予稿集.東京:日本音声学会，1997:9-12.
[47] 馬瀬良雄.台湾・韓国日本語学習者の日本語音声の特徴と日本語教育への提言[J].日本語研究，1994，14:1-23.
[48] 皆川泰代・桐谷滋.外国人による日本語長母音・短母音識別における母語の韻律特徴の影響[G]//日本音響学会.日本音響学会講演論文集.東京:日本音響学会，1996:385-386.
[49] 皆川泰代・前川喜久雄・桐谷滋.日本語話者の長/短母音の同定におけるピッチ型と音節位置の効果[J].音声研究，2002，6(2):88-97.
[50] 皆川泰代.日本語学習者における長音知覚の諸要因－英語・韓国語話者の場合－[C]//日本音声学会.平成7年度日本音声学会全国大会予稿集.東京:日本音声学会，1995a:52-57.
[51] 皆川泰代.韓国人学習者におけるアクセント・特殊モーラ聴取能力と学習年数によるその変化.第12回第二言語習得研究会配布資料，1995b.
[52] 皆川泰代.促音の識別におけるアクセント型と子音種の要因[C]//日本語教育学会大会委員会.平成8年度日本語教育学会春季大会予稿集.東京:日本語教育学会，1996:97-102.
[53] 皆川泰代.長音・短音の識別におけるアクセント型と音節位置の要因－韓国・タイ・中国・英・西語母語話者の場合－[C]//日本語教育学会大会委員会.平成9年度日本語教育学会春季大会予稿集.東京:日本語教育学会，1997:123-128.
[54] 水野晴光.日本語の中間言語分析[J].日本語教育，1987，62:152-164.
[55] 村木正武・中岡典子.撥音と促音－英語・中国語話者の発音－[M]//杉藤美代子.講座日本語と日本語教育3 日本語の音声・音韻(下).東京:明治書院，1990:139-177.
[56] 室井幾世子.英語母語話者の日本語の特殊モーラの知覚と産

出に於ける諸問題[J].SOPHIA LINGUISTICA，1995，38：41-60.

[57] 山田恒夫・山田玲子・Strange W. 中国語話者による日本語短母音・長母音・促音の知覚学習[G]//日本心理学会第60回大会発表論文集，1996.

[58] 横井和子.学習者の発音上の問題点指摘とその効果－大規模クラスを対象にした発音チェックとフィードバック－[C]//日本語教育学会大会委員会.平成10年度日本語教育学会春季大会予稿集.東京：日本語教育学会，1998：159-164.

[59] 楊立明.中国語話者の日本語述部の韻律に見られる母語の干渉[R]//『日本語音声と日本語教育－外国人を対象とする日本語教育における音声教育の方策に関する研究－』文部省重点領域「日本語音声」研究成果報告書，1993：103-122.

[60] 李炯宰.韓国人日本語学習者の日本語長母音の習得研究：生成と知覚に関する横断的および縦断的考察[D].名古屋大学，1998.

英語文献

（著者の名前のアルファベット順）

[1] Abercrombie D. Elements of general phonetics [M]. Edinburgh：Edinburgh University Press，1967.

[2] Adams C. English speech rhythm and the foreign learner[M]. The Hague：Mouton，1979.

[3] Akamatsu T. Japanese phonetics：Theory and practice[M]. Newcastle：Lincom Europa，1997.

[4] Jongman A，Wang Y，Moore CB，Sereno JA. Perception and production of Mandarin Chinese tones[M]//The Handbook of East Asian Psycholinguistics. Cambridge：Cambridge University Press，2006.

[5] Allen G D. Speech rhythm：Its relation to performance universals and articulatory timing[J]. Journal of Phonetics，

1975(3): 75-86.

[6] Andersen R W. An implicational model for second language research[J]. Language Learning, 1978, 28(2): 221-282.

[7] Anderson-Hsieh J, Johnson R, Koehler K. The relationship between native speaker judgments of nonnative pronunciation and deviance in segmentais, prosody, and syllable structure[J]. Language Learning, 1992, 42(4): 529-555.

[8] Aoyama B K. A psycholinguistic perspective on Finnish and Japanese prosody: Perception, production and child acquisition of consonantal quantity distinctions [M]. Boston: Kluwer Academic Publishers, 2001.

[9] Archibald J. Second language phonology [M]. Amsterdam: John Benjamins, 1998.

[10] Barry W. Rhythm as an L2 problem: How prosodic is it? [M]//Trouvain J, Gut U. (ed.) Non - Native Prosody: Phonetic Description and Teaching Practice. Berlin, New York: De Gruyter Mouton, 2007.

[11] Bauer R S, Benedict P K. Modern Cantonese phonology[M]. Berlin, New York: Mouton de Gruyter, 1997.

[12] Beckman M E. Evidence for speech rhythms across languages [M]// Speech Perception, Production and Linguistic Structure. New York: IOS Press, 1992.

[13] Beckman M. Segment duration and the 'mora' in Japanese[J]. Phonetica, 1982, 39(2-3): 113-135.

[14] Beckman M, Yoneyama K, Edwards J. Language-Specific and Language-Universal Aspects of Lingual Obstruent Productions in Japanese Acquiring Children[J].音声研究, 2003, 7(2): 18-28.

[15] Beebe L M. Sociolinguistic variation and style shifting in second language acquisition[J]. Language Learning, 1980, 30 (2): 433-445.

[16] Behne D, Arai T, Czigler P, Sullivan K. Vowel duration and spectra as perceptual cues to vowel quantity: A comparison of Japanese and Swedish. Proc. ICPhS99, 1999(2): 857-860.

[17] Benton M, Dockendorf L, Jin W, Liu Y, Edmondson J. The continuum of speech rhythm: Computational testing of speech rhythm of large corpora from natural Chinese and English speech. The 16th ICPhS, Saarbrücken, 2007: 1269-1272.

[18] Bertinetto P M. Reflections on the dichotomy "stress-" vs. "syllable-timing"[M]//Quaderni del laboratorio de linguistica (volume 2). Pisa: Scuola Normale Superiore, 1988.

[19] Best C T, Strange W. Effects of phonological and phonetic factors on cross-language perception of approximants [J]. Journal of Phonetics, 1992, 20(3): 305-330.

[20] Best C T. A direct realist view of cross-language speech perception[J]. Speech Perception and Linguistic Experience & Issues in cross-language research, 1995: 171-204.

[21] Best C T, McRoberts G W, Goodell E. Discrimination of non-native consonant contrasts varying in perceptual assimilation to the listener's native phonological system[J]. The Journal of the Acoustical Society of America, 2001, 109(2): 775-794.

[22] Best C T, Tyler M D. Nonnative and second-language speech perception: Commonalities and complementarities [M]// Language Experience in Second Language Speech Learning. Amsterdam: John Benjamins, 2007: 13-34.

[23] Bloch B. Studies in colloquial Japanese IV phonemics [J]. Language, 1950, 26(1): 86.

[24] Boersma P, Weenink D. The Praat homepage[EB/OL]. [2008 -].http://www.fon.hum.uva.nl/Praat/.

[25] Bohn O S, Flege J E. Perception and production of a new vowel category by adult second language learners [M]// Second-Language Speech. Berlin, New York: De Gruyter

Mouton，1997：53-74.
[26] Bohn O S. Cross-language perception in adults：First language transfer doesn't tell it all[M]//Speech perception and linguistic experience：Issues in cross-language research. Timonium，Maryland：York Press，1995：379-410.
[27] Bond Z S，Stockmal V，Muljani D. Learning to identify a foreign language[J]. Language Sciences，1998，20(4)：353-367.
[28] Bond Z S，Fokes J. Non-native patterns of English syllable timing[J]. Journal of Phonetics，1985，13(4)：407-420.
[29] Champagne-Muzar C，Schneiderman E. I，Bourdages J. S. Second language accent：The role of the pedagogical environment[J]. International Review of Applied Linguistics，1993，31：143-160.
[30] Chao Y R. A grammar of spoken Chinesep. Berkeley：University of California Press，1968.
[31] Chao Y R. Cantonese primer[M]. Cambridge：Harvard University Press，1947.
[32] Chen S H，Lai W H，Wang Y R. A new duration modeling approach for Mandarin speech[J]. IEEE Transactions on Speech and Audio Processing，2003，11(4)：308-320.
[33] Clark H H. The language-as-fixed-effect fallacy：A critique of language statistics in psychological research[J]. Journal of Verbal Learning and Verbal Behavior，1973，12(4)：335-359.
[34] Cook V. Second language learning and language teaching[M]. London：Edward Arnold Ltd，1991.
[35] Corder S P. The significance of learners' errors[J]. International Review of Applied Linguistics，1967，5(4)：161-170.
[36] Cortés Pomacóndor S. Production and perception of English sounds by Catalan/Spanish speakers[M]//Proceedings of the

First Congress of Experimental Phonetics. Tarragona: Universitat de Barcelona, 1999: 165-170.

[37] Crystal D. A dictionary of linguistics and phonetics[M]. 6th ed. Malden, MA: Blackwell Pub., 2008.

[38] Cummins F. Rhythm as an affordance for the entrainment of movement[J]. Phonetica, 2009, 66(1-2): 15-28.

[39] Cutler A, Butterfield S. Rhythmic cues to speech segmentation: Evidence from juncture misperception[J]. Journal of Memory and Language, 1992, 31(2): 218-236.

[40] Cutler A, Mehler J, Norris D, et al. The syllable's differing role in the segmentation of French and English[J]. Journal of Memory and Language, 1986, 25(4): 385-400.

[41] Cutler A, Norris D. The role of strong syllables in segmentation for lexical access[J]. Journal of Experimental Psychology: Human Perception and Performance, 1988, 14(1): 113-121.

[42] Cutler A, Otake T. Mora or phoneme? Further evidence for language-specific listening [J]. Journal of Memory and Language, 1994, 33(6): 824-844.

[43] Cutler A, Otake T. Rhythmic categories in spoken-word recognition[J]. Journal of Memory and Language, 2002, 46(2): 296-322.

[44] Dasher R, Bolinger D. On pre-accentual lengthening [J]. Journal of the international Phonetic Association, 1982, 12: 58-69.

[45] Dauer R M. Stress-timing and syllable-timing reanalyzed[J]. Journal of Phonetics, 1983, 11(1): 51-62.

[46] Boula de Mareüil P, Vieru-Dimulescu B. The contribution of prosody to the perception of foreign accent [J]. Phonetica, 2006, 63(4): 247-267.

[47] Dellwo V. Rhythm and speech rate: A variation coefficient for

deltaC. [M]//Language and language processing. Frankfurt am Main: Peter Lang, 2006: 231-241.

[48] Denes P B, Pinson E N. The speech chain: The physics and biology of spoken language [M]. 2nd ed. New York: Bell Telephone Laboratories Inc, 1993.

[49] Derwing T M, Thomson R I, Munro M J. English pronunciation and fluency development in Mandarin and Slavic speakers[J]. System, 2006, 34(2): 183-193.

[50] Dickerson L J. The learner's interlanguage as a system of variable rules[J]. TESOL Quarterly, 1975, 9(4): 401-407.

[51] Dickerson W B. The psycholinguistic unity of language learning and language change[J]. Language Learning, 1976, 26(2): 215-231.

[52] Eckman F R. Markedness and the contrastive analysis hypothesis[J]. Language Learning, 1977, 27(2): 315-330.

[53] Eckman F R. The structural conformity hypothesis and the acquisition of consonant clusters in the interlanguage of ESL learners[J]. Studies in Second Language Acquisition, 1991, 13(1): 23-41.

[54] Eda S. Processing of intonation patterns in Japanese: Implications for Japanese as a foreign language[D]. The Ohio State University, 2004.

[55] Khouw E, Ciocca V. Perceptual correlates of Cantonese tones [J]. Journal of Phonetics, 2007, 35(1): 104-117.

[56] Ellis R. Understanding second language acquisition [M]. Oxford UK: Oxford University Press, 1985a.

[57] Ellis R. A variable competence model of second language acquisition[J]. International Review of Applied Linguistics, 1985b, 23(1): 47-59.

[58] Ellis R. Sources of variability in interlanguage [J]. Applied Linguistics, 1985c, 6(2): 118-131.

[59] Ellis R. Second language acquisition in context[M]. New York: Prentice Hall Regents, 1987.

[60] Ellis R. A response to Gregg[J]. Applied Linguistics, 1990, 11(4): 384-391.

[61] Ellis R. Study of second language acquisition[M]. Oxford UK: Oxford University Press, 1994.

[62] Enomoto K. Interlanguage phonology: The perceptual development of durational contrasts by English-speaking learners of Japanese [J]. Edinburgh Working Papers in Applied Linguistics, 1992(3): 25-36.

[63] Escudero P. Linguistic perception and second language Acquisition[D]. Utrecht University, 2005.

[64] Escudero P, Boersma P. Bridging the gap between L2 speech perception research and phonological theory[J]. Studies in Second Language Acquisition, 2004, 26(4): 551-585.

[65] Flege J E. Factors affecting degree of perceived foreign accent in English sentences[J]. The Journal of the Acoustical Society of America, 1988, 84(1): 70-79.

[66] Flege J E, Bohn O S. An instrumental study of vowel reduction and stress placement in Spanish-accented English [J]. Studies in Second Language Acquisition, 1989, 11(1): 35-62.

[67] Flege J E, Fletcher K L. Talker and listener effects on degree of perceived foreign accent[J]. The Journal of the Acoustical Society of America, 1992, 91(1): 370-389.

[68] Flege J E, Liu S. The effect of experience on adults' acquisition of a second language [J]. Studies in Second Language Acquisition, 2001, 23(4): 527-552.

[69] Flege J E, Port R. Cross-language phonetic interference: Arabic to English[J]. Language and Speech, 1981, 24(2): 125-146.

[70] Flege J E. Speech learning in a second language [M]// Phonological Development: Models, Research, Implications. Baltimore, USA: York Press, 1992.

[71] Flege J E. The contribution of segmental and prosodic errors to degree of perceived foreign accent: Preliminary evidence[J]. Studies in Second Language Acquisition, 1992.

[72] Flege J E. Production and perception of a novel, second-language phonetic contrast[J]. The Journal of the Acoustical Society of America, 1993, 93(3): 1589-1608.

[73] Flege J E. Second language speech learning: Theory, findings and problems [M]//Speech Perception And Linguistic Experience: Theoretical And Methodological Issues, Timonium, MD: York Press, 1995: 233-277.

[74] Flege J E. Phonetic approximation in second language acquisition[J]. Language Learning, 1980, 30(1): 117-134.

[75] Flege J E. The production of "new" and "similar" phones in a foreign language: Evidence for the effect of equivalence classification[J]. Journal of Phonetics, 1987, 15(1): 47-65.

[76] Flege J E. Perception and production: The relevance of phonetic input to L2 phonological learning [M]//Cross Currents in Second Language Acquisition and Linguistic Theory. Amsterdam: John Benjamins, 1991: 249.

[77] Flege J E, Eefting W. Production and perception of English stops by native Spanish speakers[J]. Journal of Phonetics, 1987, 15(1): 67-83.

[78] Flege J E, Bohn O S, Jang S. Effects of experience on non-native speakers' production and perception of English vowels [J]. Journal of Phonetics, 1997, 25(4): 437-470.

[79] Fok C Y Y. A perceptual study of tones in Cantonese[M]. Hong Kong: University of Hong Kong, Centre of Asian Studies, 1974.

[80] Fox A. Prosodic Features and Prosodic Structure: The phonology of suprasegmentals[M]. Cambridge, UK: Oxford University Press, 2000.

[81] Fraisse P. The psychology of time[M]. New York: Harper & Row, 1963.

[82] Fujisaki H, Nakamura K, Imoto T. Auditory perception of duration of speech and non-speech stimuli [M]//Auditory Analysis and Perception of Speech. Amsterdam: Elsevier, 1975: 197-219.

[83] Gandour J. Perceptual dimensions of tone: Evidence from Cantonese[J]. Journal of Chinese Linguistics, 1981(9): 20-36.

[84] Gandour J. Tone perception in far eastern languages [J]. Journal of Phonetics, 1983, 11(2): 149-175.

[85] Gass S M, Selinker L. Second language acquisition: An introductory course [M]. 2nd ed. Mahwah, NJ: Lawrence Erlbaum Associates, 2001.

[86] Gatbonton E. Patterned phonetic variability in second-language speech: A gradual diffusion model[J]. The Canadian Modern Language Review, 1978, 34(3): 335-347.

[87] Goto H. Auditory perception by normal Japanese adults of the sounds "L" and "R"[J]. Neuropsychologia, 1971, 9(3): 317-323.

[88] García Lecumberri M L. Phonetic awareness[M]//Language Awareness in the Foreign Language Classroom. Servicio Editorial de la, Universidad del País Vasco, 2001.

[89] Gerrits E. The categorisation of speech sounds by adults and children[D]. Utrecht University, 2001.

[90] Gottfried T L, Miller J L, Payton P E. Effect of speaking rate on the perception of vowels[J]. Phonetica, 1990, 47(3/4): 155-172.

[91] Grabe E, Low E L. Durational variability in speech and the Rhythm Class Hypothesis [M]//Laboratory Phonology 7. Berlin, New York: De Gruyter Mouton, 2002: 515-546.
[92] Gregg K R. The variable competence model of second language acquisition, and why it isn't[J]. Applied Linguistics, 1990, 11(4): 364-383.
[93] Han M S. The feature of duration of Japanese[J]. Study of Sounds, 1962, 10: 65-75.
[94] Han M S. The timing control of geminate and single stop consonants in Japanese: A challenge for nonnative speakers [J]. Phonetica, 1992, 49(2): 102-127.
[95] Hatch E, Lazaration A. The research manual: Design and statistics for applied linguistics[M]. Boston, MA: Heinle & Heinle Publishers, 1991: 203-222.
[96] Hirata Y. Acquisition of Japanese Rhythm and Pitch Accent by English Native Speakers[D]. University of Chicago, 1999.
[97] Hirata Y. Training native English speakers to perceive Japanese length contrasts in word versus sentence contexts [J]. The Journal of the Acoustical Society of America, 2004a, 116(4 Pt 1): 2384-2394.
[98] Hirata Y. Effects of speaking rate on the vowel length distinction in Japanese[J]. Journal of Phonetics, 2004b, 32(4): 565-589.
[99] Hirata Y. Factors affecting native English speakers' identification of Japanese vowel length. Presented at the 1st ASA Workshop on Second Language Speech Learning in Vancouver, Meeting Program, 2005.
[100] Hirata Y, Lambacher S G. Role of word-external contexts in native speakers' identification of vowel length in Japanese [J]. Phonetica, 2004, 61(4): 177-200.
[101] Hoequist C Jr. Syllable duration in stress-, syllable- and

Mora-timed languages[J]. Phonetica, 1983a, 40(3): 203-237.

[102] Hoequist C Jr. Durational correlates of linguistic rhythm categories[J]. Phonetica, 1983b, 40(1): 19-31.

[103] Hoequist C Jr. The perceptual center and rhythm categories [J]. Language and Speech, 1983c, 26 (Pt 4): 367-376.

[104] Homma Y. Durational relationship between Japanese stops and vowels[J]. Journal of Phonetics, 1981, 9(3): 273-281.

[105] Hua T F. The acquisition of English speech rhythm by adult Chinese ESL and EFL learners [D]. University of Hawai'i at Manoa, 2003.

[106] Ioup G. Is there a structural foreign accent? a comparison of syntactic and phonological errors in second language acquisition[J]. Language Learning, 1984, 34(2): 1-15.

[107] Ioup G, Tansomboon A. The acquisition of tone: a maturational perspective [J]. Interlanguage Phonology, 1987: 333-349.

[108] Jia H P, Mori H, Kasuya H. Effects of speaking rate on Mora timing organization in producing Japanese contrastive geminate/single consonants and long/short vowels by native and Chinese speakers [J]. Acoustical Science and Technology, 2005, 26(6): 533-536.

[109] Jian H L. On the syllable timing in Taiwan English[C]// Speech Prosody 2004. ISCA, 2004: 247-250.

[110] Kakehi K, Kato K, Kashino M. Phoneme/syllable perception and the temporal structure of speech [M]// Phonological Structure and Language Processing. Berlin, New York: De Gruyter Mouton, 2012: 125-144.

[111] Kao D L. Structure of the syllable in Cantonese[M]. The Hague: Mouton, 1971.

[112] Kato A, Cox F. Development of Japanese length contrast: A

longitudinal study of L2 vowels produced by Australian learners of Japanese [C]//Proceedings of the 11th Australasian International Conference on Speech Science and Technology. Auckland，2006：170-175.

[113] Kellerman E. Transfer and non-transfer：Where we are now [J]. Studies in Second Language Acquisition，1979，2(1)：37-57.

[114] Kinoshita K，Behne D M，Arai T. Duration and F0 as perceptual cues to Japanese vowel quantity [C]//7th International Conference on Spoken Language Processing (ICSLP 2002). ISCA，2002：757-760.

[115] Kluge D C，Rauber A S，Reis M S，et al. The relationship between the perception and production of English nasal codas by Brazilian learners of English [C]//Interspeech 2007. ISCA，2007：2297-2300.

[116] Kohler K J. Whither speech rhythm research?[J]. Phonetica，2009a，66(1/2)：5-14.

[117] Kohler K J. Rhythm in speech and language：A new research paradigm[J]. Phonetica，2009b，66(1/2)：29-45.

[118] Kong Q M. Influence of tones upon vowel duration in Cantonese[J]. Language and Speech，1987，30(4)：387-399.

[119] Kozasa T. An acoustic and perceptual investigation of vowel length in Japanese and Pohnpeian[D]. University of Hawai'i at Manoa，2005.

[120] Kubozono H. The Mora and syllable structure in Japanese：Evidence from speech errors [J]. Language and Speech，1989，32(3)：249-278.

[121] Lagefoged P. A course in phonetics[M]. 5th ed. New York：Harcourt Brace Jovanovich Inc，2003.

[122] Laver J. Principles of phonetics [M]. Cambridge，UK：Cambridge University Press，1994.

[123] Lehiste I. Suprasegmentals[M]. Cambridge, MA: The MIT Press, 1970.

[124] Lehiste I. Temporal organization of spoken language[M]// Form and Substance: Phonetic and Linguistic Papers Presented to Eli Fischer-Jergensen. Odense: Akademisk Forlag. 1971: 159-169.

[125] Lehiste I. Rhythmic units and syntactic units in production and perception[J]. The Journal of the Acoustical Society of America, 1973, 54(5): 1228-1234.

[126] Lehiste I. Isochrony reconsidered[J]. Journal of Phonetics, 1977, 5(3): 253-263.

[127] Lehiste I. Phonetic manifestation of syntactic structure in English[J]. Annu Bull Res Inst Logoped Phoniat Univ Tokyo,1980,14:1-27.

[128] Liberman A M, Harris K S, Hoffman H S, et al. The discrimination of speech sounds within and across phoneme boundaries[J]. Journal of Experimental Psychology, 1957, 54(5): 358-368.

[129] Lloyd J A. Speech signal in telephony[M]. London: Sir Isaac Pitman & Sons,1940.

[130] Ling L E, Grabe E, Nolan F. Quantitative characterizations of speech rhythm: Syllable-timing in Singapore English[J]. Language and Speech, 2000, 43(Pt 4): 377-401.

[131] Magen H S, Blumstein S E. Effects of speaking rate on the vowel length distinction in Korean[J]. Journal of Phonetics, 1993, 21(4): 387-409.

[132] Mah J, Archibald J. Acquisition of L2 Length Contrasts [M]//Proceedings of the 6th Generative Approaches to Second Language Acquisition Conference (GASLA 2002). Somerville, MA: Cascadilla Proceedings Project, 2003: 208-212.

[133] Major R C. Transfer in second language phonology: A review [M]//Phonology and Second Language Acquisition. Amsterdam: John Benjamins Publishing Company, 2008: 63-94.

[134] Major R C. A model for interlanguage phonology [M]//Interlanguage Phonology: The acquisition of a second language sound system. Cambridge, MA: Newbury House Publishers, 1987: 101-124.

[135] Major R C. Native and nonnative phonological representations[J]. International Review of Applied Linguistics in Language Teaching, 1995, 33(2): 143-161.

[136] Major R C. Foreign accent: the ontogeny and phylogeny of second language phonology[M]. London: Lawrence Erlbaum Associates Inc., 2001.

[137] Manrique A M B D, Signorini A. Segmental duration and rhythm in Spanish[J]. Journal of Phonetics, 1983, 11(2): 117-128.

[138] McAllister R, Inoue M, Dahl S. L1 residue in L2 use: A preliminary study of quantity and tense-lax [J]. Lund Working Papers in Linguistics, 2006, 52: 93-96.

[139] McAllister R, Flege J E, Piske T. The influence of L1 on the acquisition of Swedish quantity by native speakers of Spanish, English and Estonian [J]. Journal of Phonetics, 2002, 30(2): 229-258.

[140] McCawley J D. The phonological component of a grammar of Japanese[M]. The Hague: Mouton, 1968.

[141] McGroarty M. Some meanings of communicative competence for second language students[J]. TESOL Quarterly, 1984, 18(2): 257-272.

[142] Mehler J, Nespor M. Linguistic rhythm and the acquisition of language [M]//Structures and Beyond. Oxford: Oxford

University Press, 2004: 213-222.

[143] Miller J L. Rate-dependent processing in speech perception [M]//Progress in the Psychology of Language. Hillsdale: Erlbaum Associates, 1987(3): 119-157.

[144] Mitchell R, Myles F. Second language learning theories[M]. London: Arnold, 1998.

[145] Miyawaki K, Strange W, Verbrugge R, et al. An effect of linguistic experience: The discrimination of [r] and [l] by native speakers of Japanese and English[J]. Perception and Psychophysics, 1975, 18(5): 331-340.

[146] Mochizuki-Sudo M, Kiritani S. Production and perception of stress - related durational patterns in Japanese learners of English[J]. Journal of Phonetics, 1991, 19(2): 231-248.

[147] Mochizuki M. The identification of /r/ and /l/ in natural and synthesized speech[J]. Journal of Phonetics, 1981, 9(3): 283-303.

[148] Moon-Hwan C. Rhythm typology of Korean speech[J]. Cognitive Processing, 2004, 5(4): 249-253.

[149] Moore B C J. An introduction to the psychology of hearing [M]. London: Academic Press, 1989.

[150] Morais J, Kolinsky R, Nakamura M. The psychological reality of speech units in Japanese [M]//Phonological Structure and Language Processing. Berlin, New York: De Gruyter Mouton, 2012: 203-216.

[151] Morrison G S. Perception of English /i/ and /I/ by Japanese and Spanish listeners: Longitudinal results[C]//Proceedings of the NorthWest Linguistics Conference 2002. Burnaby, BC, Canada: Simon Fraser University Linguistics Graduate Student Association, 2002.

[152] Munro M J, Derwing T M. Foreign accent, comprehensibility, and intelligibility in the speech of second language learners

[J]. Language Learning, 1995, 45(1): 73-97.

[153] Murty L, Otake T, Cutler A. Perceptual tests of rhythmic similarity: I. Mora rhythm[J]. Language and Speech, 2007, 50(Pt 1): 77-99.

[154] Nagano-Madsen Y. Influence of fundamental frequency pattern on the perception of the vowel mora in Japanese[J]. Phonum, 1990, 1: 31-35.

[155] Nagano-Madsen Y. Mora and prosodic coordination: A phonetic study of Japanese, Eskimo and Yoruba[M]. Lund, Sweden: Lund University Press, 1992.

[156] Nazzi T, Bertoncini J, Mehler J. Language discrimination by newborns: Toward an understanding of the role of rhythm [J]. Journal of Experimental Psychology Human Perception and Performance, 1998, 24(3): 756-766.

[157] Nazzi T, Ramus F. Perception and acquisition of linguistic rhythm by infants[J]. Speech Communication, 2003, 41(1): 233-243.

[158] Neufeld G G. Phonological asymmetry in second-language learning and performance[J]. Language Learning, 1988, 38 (4): 531-559.

[159] Nittrouer S. Age-related differences in perceptual effects of formant transitions within syllables and across syllable boundaries[J]. Journal of Phonetics, 1992, 20(3): 351-382.

[160] Nittrouer S. Discriminability and perceptual weighting of some acoustic cues to speech perception by 3-year-olds[J]. Journal of Speech and Hearing Research, 1996, 39(2): 278-297.

[161] Nittrouer S, Manning C, Meyer G. The perceptual weighting of acoustic cues changes with linguistic experience[J]. The Journal of the Acoustical Society of America, 1993, 94(3_Supplement): 1865.

[162] Nittrouer S, Miller M E. Developmental weighting shifts for noise components of fricative-vowel syllables[J]. The Journal of the Acoustical Society of America, 1997, 102(1): 572-580.

[163] Nooteboom S. The prosody of speech: Melody and rhythm [M]//The Handbook of Phonetic Sciences. Cambridge, MA: Blackwell, 1997: 640-673.

[164] Odlin T. Language transfer: Cross-linguistic influence in language learning [M]. Cambridge: Cambridge University Press, 1989.

[165] Ofuka E. Teaching Pronunciation of Japanese Long and Short Vowels: Kinesthetic and Computer-Assisted Visualisation Approaches[D]. Thesis submitted for the degree of Master of Arts Graduate Department of East hian Studies, University of Toronto, 1997.

[166] Omaggio-Hadley A. Teaching Language in Context [M]. Boston: Heinle & Heinle, 1986.

[167] Otake T, Hatano G, Yoneyama K. Speech segmentation by Japanese listeners [M]//Phonological Structure and Language Processing. Berlin, New York: De Gruyter Mouton, 1996: 183-201.

[168] Otake T, Hatano G, Cutler A, et al. Mora or syllable? Speech segmentation in Japanese[J]. Journal of Memory and Language, 1993, 32(2): 258-278.

[169] Otake T, Yoneyama K, Cutler A, et al. The representation of Japanese moraic nasals[J]. The Journal of the Acoustical Society of America, 1996, 100(6): 3831-3842.

[170] Piske T. Phonetic awareness, phonetic sensitivity and the second language learner[M]//Encyclopedia of Language and Education. Boston, MA: Springer US, 2008: 1912-1923.

[171] Piske T, MacKay I R A, Flege J E. Factors affecting degree

of foreign accent in an L2：A review[J]. Journal of Phonetics，2001，29(2)：191-215.

[172] Pennington M C，Richards J C. Pronunciation revisited[J]. TESOL Quarterly，1986，20(2)：207-225.

[173] Pennington M C. The teachability of phonology in adulthood：A re-examination [J]. International Review of Applied Linguistics in Language Teaching，1998，36(4)：323-341.

[174] Pierrehumbert J B，Beckman M E. Japanese tone structure [M]. Cambridge，Mass：MIT Press，1988.

[175] Pike K L. The intonation of American English[M]. Ann Arbor：University of Michigan Press，1945.

[176] Pisoni D B，Aslin R N，Perey A J，et al. Some effects of laboratory training on identification and discrimination of voicing contrasts in stop consonants [J]. Journal of Experimental Psychology Human Perception and Performance，1982，8(2)：297-314.

[177] Pisoni D B，Carrell T D，Gans S J. Perception of the duration of rapid spectrum changes in speech and nonspeech signals [J]. Perception & Psychophysics，1983，34(4)：314-322.

[178] Podesva R. The effects of foot structure in syllable-timed languages：The cases of Buginese and Toba batek[J]. Paper presented at the Austronesian Formal Linguistics Association (AFLA) 10，Honolulu，2003.

[179] Port R F. The Influence of Speaking Tempo on the Duration of Stressed Vowel and Medial Stop in English Trochee Words [J]. Bloomington，IN：Indiana University Linguistics Club. 1977：1-77.

[180] Port R F，Al-Ani S，Maeda S. Temporal compensation and universal phonetics[J]. Phonetica，1980，37(4)：235-252.

[181] Port R F，Dalby J，O'dell M. Evidence for Mora timing in Japanese [J]. The Journal of the Acoustical Society of

America, 1987, 81(5): 1574-1585.

[182] Poser W J. The phonetics and phonology of tone and intonation in Japanese [D]. Massachusetts Institute of Technology, 1984.

[183] Poser W J. Evidence for foot structure in Japanese [J]. Language, 1990, 66(1): 78-105.

[184] Purcell E T, Suter R W. Predictors of pronunciation accuracy: A reexamination[J]. Language Learning, 1980, 30 (2): 271-287.

[185] Quené H, van Delft L E. Non-native durational patterns decrease speech intelligibility [J]. Speech Communication, 2010, 52(11/12): 911-918.

[186] Ramus F, Mehler J. Language identification with suprasegmental cues: A study based on speech resynthesis[J]. The Journal of the Acoustical Society of America, 1999, 105(1): 512-521.

[187] Ramus F, Nespor M, Mehler J. Correlates of linguistic rhythm in the speech signal [J]. Cognition, 1999, 73 (3): 265-292.

[188] Ritchie W C, Bhatia T K. Handbook of second language acquisition[M]. London: Academic Press, 1996.

[189] Roach P. English Phonetics and Phonology: A Practical Course[M]. Cambridge: Cambridge University Press, 1983.

[190] Sato C J. Phonological processes in second language acquisition: Another look at interlanguage syllable structure [J]. Language Learning, 1984, 34(4): 43-57.

[191] Sato C. Task variation in interlanguage phonology [M]// Input in Second Language Acquisition. Rowley, MA: Newbury House, 1985: 181-196.

[192] Schmidt R W. Sociolinguistic variation and language transfer in phonology[M]//Interlanguage Phonology: The Acquisition of a Second Language Sound System. Cambridge, MA Newbury

House, 1987: 365-377.

[193] Schumann J H. Second language acquisition: The pidginization hypothesis[J]. Language Learning, 1976, 26(2): 391-408.

[194] Selinker L. Interlanguage [J]. International Review of Applied Linguistics, 1972, 10: 209-231.

[195] Setter J. Speech rhythm in world Englishes: The case of Hong Kong[J]. TESOL Quarterly, 2006, 40(4): 763-782.

[196] Sheldon A, Strange W. The acquisition of /r/ and /l/ by Japanese learners of English: Evidence that speech production can precede speech perception [J]. Applied Psycholinguistics, 1982, 3(3): 243-261.

[197] So C K. Effects of Ll prosodic background and AV training on learning mandarin tones by speakers of Cantonese, Japanese and English Simon[D]. Fraser University, 2006.

[198] Strange W, Dittmann S. Effects of discrimination training on the perception of /r-l/ by Japanese adults learning English [J]. Perception & Psychophysics, 1984, 36(2): 131-145.

[199] Strange W, Shafer V L. 6. Speech perception in second language learners: The re-education of selective perception [M]//Phonology and Second Language Acquisition. Amsterdam: John Benjamins Publishing Company, 2008: 153-191.

[200] Tajima K. Speech rhythm in English and Japanese: Experiments in speech cycling [D]. Indiana University, 1998.

[201] Tajima K, Port R, Dalby J. Effects of temporal correction on intelligibility of foreign-accented English [J]. Journal of Phonetics, 1997, 25(1): 1-24.

[202] Tarone E. Some influences on interlanguage phonology[J]. Working Papers on Bilingualism, 1976, 8: 87-111.

[203] Tarone E. On the variability of interlanguage systems[J]. Applied Linguistics, 1983, 4(2): 142-164.

[204] Toda T. Interlanguage phonology: Acquisition of timing control and perceptual categorization of durational contrast in Japanese[D]. Australian National University, 1996.

[205] Toda T. Second language speech and production: Acquisition of phonological contrasts in Japanese[D]. University press of America, 2003.

[206] Trask R L. A dictionary of phonetics and phonology[M]. London: Routledge, 1996.

[207] Trofimovich P, Baker W. Learning second language suprasegmentals: Effect of L2 experience on prosody and fluency characteristics of L2 speech[J]. Studies in Second Language Acquisition, 2006, 28(1): 1-30.

[208] Trubetzkoy N S. Principles of phonology[M]. Berkeley, CA: University of California Press, 1969.

[209] Tsujimura N. An introduction to Japanese linguistics[M]. Cambridge, Mass: Blackwell Publishers, 1996.

[210] Tsukada K. An acoustic phonetic analysis of Japanese-accented English[D]. Macquarie University, 1999.

[211] Tsukada K. An acoustic comparison of vowel length contrasts in Arabic, Japanese and Thai: Durational and spectral data[J]. International Journal on Asian Language Processing, 2009, 19(4) :127-138.

[212] Ueyama M. Prosodic transfer: An acoustic study of L2 English vs. L2 Japanese [D]. University of California, Los Angeles, 2000.

[213] Unger J M, Lorish F C, Noda M, et al. A Framework for introductory Japanese language curricula in American high schools and colleges [M]. Washington, D. C.: National Foreign Language Center, 1993.

[214] Vance T J. An experimental investigation of tone and intonation in Cantonese[J]. Phonetica, 1976, 33(5): 368-392.

[215] Vance T J. An introduction to Japanese phonology[M]. Albany: State University of New York, 1987.
[216] Walker G, Mcginnis S. Learning less commonly taught languages: An agreement on the basis for the training of teachers (Vol. 1) [M]. Columbus, OH: The Ohio State Foreign Language Publications, 1995.
[217] Warner N, Arai T. Japanese Mora-timing: A review[J]. Phonetica, 2001, 58(1/2): 1-25.
[218] Wenk B J. Speech rhythms[J]. Language and Speech, 1985, 28: 157-75.
[219] White L, Mattys S L. Calibrating rhythm: First language and second language studies[J]. Journal of Phonetics, 2007, 35(4): 501-522.
[220] Lee Y S, Vakoch D A, Wurm L H. Tone perception in Cantonese and Mandarin: A cross-linguistic comparison[J]. Journal of Psycholinguistic Research, 1996, 25(5): 527-542.
[221] Yamada T, Yamada R A, Strange W. Perceptual learning of Japanese mora syllables by native speakers of American English[J]. International Conference on Spoken Language Processing,1994:2007-2010.
[222] Ylinen S, Shestakova A, Alku P, et al. The perception of phonological quantity based on durational cues by native speakers, second-language users and nonspeakers of Finnish [J]. Language and Speech, 2005, 48(Pt 3): 313-338.
[223] Yu Alan C L. Tonal effects on perceived vowel duration [M]// Laboratory Phonology 10. Berlin, New York: De Gruyter Mouton,2010: 151-168.
[224] Zhu X S. Shanghai tonetics [M]. München: LINCOM EUROPA, 1999.

中国語文献

(著者の名前のピンイン順)

[1] 安英姬.谈汉语的节奏单位"节"[J].汉语学习,2002(5):43-47.

[2] 安英姬.等时等长的汉语节奏原则[J].汉语学习,1997(5):26-29.

[3] 大学日语教学大纲修订组.大学日语教学大纲[M].2版.北京:高等教育出版社,2000.

[4] 户田昌幸,黄国彦.为中国人设计的日语语音学入门[M].台北:鸿儒堂,1982.

[5] 黄家教.广东人学习英语语音的难点辨析[J].中山大学学报(哲学社会科学版),1981,21(4):93-99.

[6] 教育部高等学校外语专业教学指导委员会日语组.高等院校日语专业基础阶段教学大纲[M].大连:大连理工大学出版社,2001.

[7] 李新魁,黄家教,施其生,等.广州方言研究[M].广州:广东人民出版社, 1995.

[8] 李行德.广州话元音的音值及长短对立[J].方言,1985, 7(1):28-38.

[9] 林焘,王理嘉.语音学教程[M].北京:北京大学出版社,1992.

[10] 刘俐李.汉语声调论[M].南京:南京师范大学出版社,2004.

[11] 刘叔新.广东话的长短元音问题[M]//语言研究论丛(第二辑).天津:天津人民出版社,1987.

[12] 施其生.广州方言元音音位再探讨[C]//第二届国际粤方言研讨会论文集.广州:暨南大学出版社,1990.

[13] 王初明. 影响外语学习的两大因素与外语教学[J]. 外语界,2001(6): 8-12.

[14] 王志洁.广州话的元音系统[M]//汉语语言学中的争议.北京:北京语言文化大学出版社,1999:255-287.

[15] 杨诎人.日语语音学[M].广州:华南理工大学出版社,2001.

[16] 袁家骅.汉语方言概要[M]. 2版.北京:文字改革出版社, 1983.

[17] 张虹.日本留学生汉语声调习得及偏误分析[D].福州:福建师范大学, 2003.

[18] 朱春跃.语音详解[M].北京:外语教学与研究出版社,2001.

付　録

1　アンケート調査票(広州方言話者)

首先,感谢你花时间参加这个调查。我们现在正在进行一项实验研究,目的是了解说粤语(白话)的日语学习者学习日语语音的过程,为日语语音教学提供支持。为此,我们在寻找合适的实验合作人。我们保证:你在这个调查中所提供的信息受到法律保护,我们只将其用于研究,我们绝不会泄露这些信息,也绝不会滥用这些信息。

如果你是广州人，说粤语，请你填写如下信息或在相应的选项上打勾。

一、你的母语是粤语吗?也就是说，你3—12岁一直说粤语吗?

1.母语是粤语　　2.母语不是粤语

你在家里以及和周围亲友说话时一般都用粤语吗?

1.平时总用　　2.平时用得很多　　3.平时用得不多

4.平时不用

5.其他(请填写:______________________________)

除了粤语，你还说其他方言或普通话吗?

1.不说　　2.说(请写明何种方言或普通话:________________)

如果你还说其他方言或普通话，那么你这种方言或普通话说得好吗?

1.很好　　2.好　　3.一般　　4.不好　　5.很差

二、你家住在广州的哪个区哪条街?

______________区______________街/路

是市区还是郊区?

1.市区　　　　　　2.郊区

你家一直住在广州吗？

1.是　　　　　　2.否

你家搬去过别的地方吗？在你几岁的时候？

1.在______岁时搬到过____________（请写明地点），在那里居住大约______年

2.没搬去过别的地方

你家是从别的地方搬到广州的吗？在你几岁的时候？

1.在______岁时从____________搬到广州　　2.一直住在广州

三、你的父母都是广州人或广东人吗？

1.都是　2.都不是　3.父亲是，母亲不是　4.父亲不是，母亲是

你的父母都说粤语吗？

1.都说　2.都不说　3.父亲说，母亲不说　4.父亲不说，母亲说

四、你的爷爷奶奶都是广州人或广东人吗？

1.都是　2.都不是　3.爷爷是，奶奶不是　4.爷爷不是，奶奶是

5.其他（请具体填写：____________________）

6.不记得或不知道

你的爷爷奶奶都说粤语吗？

1.都说　2.都不说　3.爷爷说，奶奶不说　4.爷爷不说，奶奶说

5.不记得或不知道

五、你的姥姥姥爷/外公外婆都是广州人或广东人吗？

1.都是　2.都不是　3.外公是，外婆不是　4.外公不是，外婆是

5.其他（请具体填写：____________________）

6.不记得或不知道

你的姥姥姥爷/外公外婆都说粤语吗？

1.都说　2.都不说　3.外公说，外婆不说　4.外公不说，外婆说

5.不记得或不知道

六、你高中或初中学习过日语吗？

1.学习过　　　　　　2.没学习过

七、我们的实验包括听力实验和发音实验，只占用实验合作人很少的时间。我们将支付合作人必要的酬劳。

你愿意当我们的实验合作人吗？

1.愿意　　　　　　2.不愿意

如果不愿意，请你简单填写原因，谢谢！

____

八、你的个人信息：

除打 * 号的地方外，均须填写，以便我们联系你，谢谢！

姓名　　　　性别　　　　年龄　　　　年级

手机号码：　　　　　　　固定电话：

*QQ：　　　　　　　　　*MSN：

九、如果你有其他疑问，请写在下面。

再次衷心感谢你的大力支持！

2　アンケート調査票(北方方言話者)

首先,感谢你花时间参加这个调查。我们现在正在进行一项实验研究,目的是了解说普通话的北方人学习日语语音的过程,为日语语音教学提供支持。为此,我们在寻找合适的实验合作人。我们保证:你在这个调查中所提供的信息受到法律保护,我们只将其用于研究,我们绝不会泄露这些信息,也绝不会滥用这些信息。

如果你是北方人,说普通话,请你填写如下信息或在相应的选项上打勾。

一、你的母语是普通话吗?也就是说,你3—12岁一直说普通话吗?

1.母语是普通话　　2.母语不是普通话

如果你的母语是普通话,你还说其他方言吗?

1.不说　　2.说(请写明何种方言:________________)

如果你还说其他方言,那么你这种方言说得好吗?

1.很好　　2.好　　3.一般　　4.不好　　5.很差

你在家里以及和周围亲友说话时一般都用普通话吗?

1.平时总用　　2.平时用得很多　　3.平时用得不多　　4.平时不用

5.用其他方言(请填写:________________________)

二、你家住在哪个省(直辖市/自治区)哪个市?

________省(直辖市/自治区)____________市(如果是乡镇请填____________镇)

你家一直住在上面这个地区吗?

1.是　　2.否

你家搬去过别的地方吗?在你几岁的时候?

1.在______岁时搬到过______________(请写明地点),在那里居住大约____年

2.没搬去过别的地方

你家是从别的地方搬到现在的居住地的吗?在你几岁的时候?

1.在______岁时从________搬到现在的居住地

2.一直住在现在的居住地

三、你的父母都是北方人吗？

1.都是　2.都不是　3.父亲是，母亲不是　4.父亲不是，母亲是

你的父母都说普通话吗？

1.都说　2.都不说　3.父亲说，母亲不说　4.父亲不说，母亲说

四、你的爷爷奶奶都是北方人吗？

1.都是　2.都不是　3.爷爷是，奶奶不是　4.爷爷不是，奶奶是

5.不记得或不知道

你的爷爷奶奶都说普通话吗？

1.都说　2.都不说　3.爷爷说，奶奶不说　4.爷爷不说，奶奶说

5.不记得或不知道

五、你的姥姥姥爷/外公外婆都是北方人吗？

1.都是　2.都不是　3.姥爷是，姥姥不是　4.姥爷不是，姥姥是

5.不记得或不知道

你的姥姥姥爷/外公外婆都说普通话吗？

1.都说　2.都不说　3.姥爷说，姥姥不说　4.姥爷不说，姥姥说

5.不记得或不知道

六、你高中或初中学习过日语吗？

1.学习过　　　　2.没学习过

七、我们的实验包括听力实验和发音实验，只占用实验合作人很少的时间。我们将支付合作人必要的酬劳。

你愿意当我们的实验合作人吗？

1.愿意　　　　2.不愿意

如果不愿意，请你简单填写原因，谢谢！

八、你的个人信息：

除打 * 号的地方外，均须填写，以便我们联系你，谢谢！

姓名　　　　性别　　　　年龄　　　　年级

手机号码：　　　　　　　固定电话

*QQ：　　　　　　　　　*MSN：

九、如果你有其他疑问，请写在下面。

再次衷心感谢你的大力支持！